C.H.BECK WISSEN

in der Beck'schen Reihe

Publius Ovidius Naso wurde 43 v. Chr. in Sulmo in Mittelitalien geboren, gehörte zum Ritterstand und sollte eigentlich die römische Ämterlaufbahn einschlagen. Zum Glück für die Weltliteratur brach er diese Karriere jedoch ab und wurde Dichter in Rom. Er genoß als Autor so berühmter Werke wie etwa der *Amores* (Liebesgedichte), der *Ars Amatoria* (Liebeskunst) oder der *Fasti* (eines römischen Festkalenders in Versform) höchstes Ansehen, als ihn im Jahre 8 n. Chr. das Verbannungsurteil des Kaisers Augustus traf; über die Gründe dieser *relegatio* läßt sich nur spekulieren. Ovid jedenfalls mußte nach Tomis am Schwarzen Meer ins Exil gehen, wo er vermutlich um 17 n. Chr. starb.

Sein vielleicht bedeutendstes Opus und das auf jeden Fall heute populärste Werk antiker Dichtkunst überhaupt sind die *Metamorphosen*. Ovid erzählt darin in über 10 000 Versen rund 250 verschiedene antike Sagen, die alle eines gemeinsam haben – die wundersame Verwandlung ihrer Protagonisten. Niklas Holzberg bietet eine informative und unterhaltsame Einführung in dieses in jeder Hinsicht zauberhafte Werk: Er erhellt den Epochenhintergrund, ordnet es in die literarische Tradition ein, erklärt seine Struktur, stellt zahlreiche der darin erzählten Geschichten vor und sagt zudem das Wichtigste zu Überlieferung und Nachleben der *Metamorphosen*.

Niklas Holzberg lehrt als international renommierter Wissenschaftler Klassische Philologie an der Ludwig-Maximilians-Universität München. Im Verlag C. H. Beck ist von ihm lieferbar: *Ovid. Leben und Werk* ([3]2006); *Catull. Der Dichter und sein erotisches Werk* ([3]2005); *Applaus für Venus. Die 100 schönsten Liebesgedichte der Antike* (2004); *Vergil. Dichter und Werk* (2006).

Niklas Holzberg

OVIDS METAMORPHOSEN

Verlag C. H. Beck

Für Daniel Mackay Holzberg

Originalausgabe

Gesamtherstellung: Druckerei C. H. Beck, Nördlingen
Umschlagabbildung: Narziß, Wandmalerei aus Pompeji,
Haus des Marcus Lucretius. The Art Archive/Dagli Orti
Umschlaggestaltung: Uwe Göbel, München
Printed in Germany
ISBN 978 3 406 53621 2

www.beck.de

Inhalt

I. Vorwort

Als ich von 1969–1972 in Erlangen studierte, wurden in den acht Semestern, während derer ich am Institut für Alte Sprachen meine Ausbildung erhielt, weder Vorlesungen noch Seminare über Ovid angeboten. Gewiß, der damalige Vorstand der kooptierten Abteilung für Mittellateinische Philologie, Paul Klopsch, beschäftigte sich mit dem Autor von einst so wirkungsmächtigen Texten wie der *Liebeskunst* und den *Metamorphosen*. Doch ihn interessierten lediglich die inhaltlich zum größten Teil eher enttäuschenden Pseudo-Ovidiana des Mittelalters, und hier vor allem Probleme der handschriftlichen Überlieferung sowie der Edition. Im Hinblick auf meine Abschlußexamina mußte ich natürlich über den Dichter informiert sein, aber in den einschlägigen Handbüchern war immer wieder zu lesen, Ovid sei ein unorigineller und überdies frivoler Autor. Der große Latinist Friedrich Klinger schloß den Dichter sogar von seiner erstmals 1943 publizierten, mehrfach aufgelegten und dabei stetig erweiterten Aufsatzsammlung *Römische Geisteswelt* aus.

Seit etwa der Mitte der achtziger Jahre des 20. Jahrhunderts hat sich diese Situation grundlegend geändert, ja in ihr Gegenteil verkehrt: Ovid gehört heute zu den von klassischen Philologen am häufigsten erforschten antiken Autoren und erfreut sich besonders bei denjenigen, die Texte mit den Methoden der modernen Literaturwissenschaft analysieren, höchster Wertschätzung. Jährlich erscheinen mehrere Monographien über den Dichter, in kaum einem neuen von Altphilologen edierten Zeitschriftenfaszikel fehlt ein Aufsatz über ihn, und Ovid-Tagungen erleben enormen Zulauf. Dem entspricht, daß die Studierenden der Latinistik überall in der Welt an den Hochschulen ein reiches Angebot an Lehrveranstaltungen über den Dichter erwartet. Sie finden in der Regel auch großen Gefallen an ihm, und das trifft sogar, wie ich selbst feststellen konnte, auf viele ihrer für verwandte Fächer eingeschriebenen Kommilitonen zu: Als ich im Sommer 2004 in München für Germanisten und Komparatisten eine Vorlesung über die *Metamorphosen* ankündigte, konnte ich über 300 Hörer dafür gewinnen.

Das Buch der mythischen Verwandlungen ist nicht zuletzt auch deswegen sehr beliebt, weil es in jüngster Zeit von postmodernen Autoren mehrerer Länder der Welt in narrativen und lyrischen Texten rezipiert wurde. Deshalb schien es mir gerechtfertigt, das vorliegende Brevier über die *Metamorphosen* nicht nur als bequemes Repertorium für Schüler, die Latein lernen, und Studenten der Klassischen Philologie, sondern auch als Einführung für einen möglichst breiten Leserkreis zu konzipieren; so erklärt es sich zum Beispiel, daß ich Zitate aus antiken Texten nur in deutscher Übersetzung vorlege. Um ein möglichst komplexes Bild von den *Metamorphosen* zu geben, spreche ich nach werkübergreifenden Vorbemerkungen sämtliche 15 Bücher der Reihe nach durch. Außerdem lege ich drei exemplarische Interpretationen ausgewählter Verwandlungsgeschichten vor.

Gewidmet ist das Büchlein meinem Sohn Daniel Mackay, damit der während des laufenden Schuljahrs im Gymnasium zur Lektüre der *Metamorphosen* Verpflichtete und deshalb etwas Frustrierte eines nicht vergißt: Als Achtjähriger schrieb er in seiner Freude an einigen erstmals gehörten Verwandlungsmythen das Büchlein «A Little Bit About Ovid».

München, im Frühjahr 2007 *Niklas Holzberg*

II. Werkübergreifende Aspekte

Wie die moderne ist auch die antike Poesie besser zu verstehen, wenn man nicht einfach nur den Text liest und sich mit den wichtigsten Erläuterungen zu Namen und Sachen begnügt, sondern sich zudem einen Überblick über die historischen und literarischen Voraussetzungen sowie den Gesamtaufbau des Werkes verschafft. Das gilt in sehr hohem Maße für die *Metamorphosen*, da Ovid hier Bezüge zur eigenen Zeit herstellt, ausgiebig auf die verschiedensten Werke der griechischen und römischen Literatur anspielt und von den Lesern offensichtlich erwartet, daß sie sein Opus von Anfang bis Ende als ein «ununterbrochenes» (1.4: *perpetuum*) lesen und dabei das Ganze im Auge behalten. Im folgenden sollen deshalb zunächst Ovids Leben und Werk bis zur Abfassung der *Metamorphosen* und der Kontext der augusteischen Epoche, dann die Vielfalt der vom Dichter «zitierten» Poesie und Prosa und schließlich der uns vorliegende Text als Gesamtkunstwerk betrachtet werden.

1. Ovids Werdegang bis zu den *Metamorphosen*

Das erste Gedicht in der Elegiensammlung *Amores* (Liebeserfahrungen), die Ovid um 15 v. Chr. in Rom als sein erstes Werk publizierte, beginnt wie Vergils *Aeneis* mit dem Wort *Arma* (Waffen). Aber während in dem Epos Waffen, die im Krieg eingesetzt werden, eine wichtige Rolle spielen, läßt Ovids *persona,* der Ich-Sprecher der *Amores,* sich von dem Vorhaben, über Waffentaten zu dichten, durch den Liebesgott Amor abbringen. Dieser stiehlt nämlich gleich von dem zweiten Hexameter, dem sechshebigen Metrum des Epos, einen Versfuß, so daß nur ein fünfhebiger Pentameter zustande kommt und der

Dichter abwechselnd Hexameter und Pentameter, also elegische Distichen schreiben muß. Das aber bedeutet: Sein Thema sind nunmehr die elegische Liebe und die von ihm damit gemachten Erfahrungen. Erotik dominiert auch in den anderen poetischen Werken, die Ovid nachweislich vor den *Metamorphosen* verfaßte. Gleichwohl dichtete er weiterhin mit Blick auf Vergil, da er wie der Autor von *Bucolica*, *Georgica* und *Aeneis* sein poetisches Œuvre systematisch konzipierte. Hatte Vergil in dreistufigem Voranschreiten seiner als «Kleinpoesie» geltenden Hirtendichtung das auf höherem Niveau stehende Lehrgedicht über den Landbau und schließlich sein Epos als die angesehenste aller poetischen Gattungen folgen lassen, so schrieb auch Ovid, bevor er sich mit den *Metamorphosen* auf das Gebiet des epischen Genres wagte, zunächst Kleindichtung und dann didaktische Poesie.

Auf den beiden ersten Stufen seines Werdegangs begnügte Ovid sich freilich mit der erotischen Thematik, setzte aber dem jeweils einen Werk Vergils stets zwei Dichtungen entgegen: den *Bucolica* nicht nur die *Amores*, sondern auch die 15 *Epistulae Heroidum* (elegische Versepisteln mythischer Frauen und Sapphos), und den *Georgica* die wie *Amores* und *Epistulae* in elegischen Distichen geschriebenen Lehrgedichte *Ars amatoria* (Liebeskunst) und *Remedia amoris* (Liebestherapie). Alle diese Werke hatte Ovid, wie sich Anspielungen in *Ars* und *Remedia* entnehmen läßt, bis spätestens 4 n. Chr. fertiggestellt. Damals war der Dichter, der sich nun stolz als «Vergil der Elegie» bezeichnen konnte (*Rem.* 395 f.), 47 Jahre alt. Am 20. März 43 v. Chr. in Sulmo im Pälignerland aus altem Rittergeschlecht geboren, hatte Publius Ovidius Naso, wie er mit vollem Namen hieß, nach dem Rhetorikstudium in Rom und der Ausübung unterer Ämter in der Administration der Stadt die sich ihm anschließend eröffnende senatorische Laufbahn nicht eingeschlagen, sondern sich ganz auf das Verseschreiben verlegt; mit Hilfe ausreichender finanzieller Mittel konnte er sich das offenbar leisten. Wie der Dichter, der dreimal verheiratet war und eine Tochter hatte, in Rom lebte, entzieht sich unserer Kenntnis. Aber wir wissen, daß er die Stadt im Jahre 8 n. Chr. für immer verlassen mußte: Kaiser Augustus, der Prinzeps, hatte ihn aus Gründen, die teilweise im dunkeln liegen (S. 15–17), nach Tomi am Schwarzen Meer in der Gegend des heutigen Costanza verbannt. Dort dürfte er etwa neun Jahre später (um 17 n. Chr.) gestorben sein.

Ovid setzte seine literarische Tätigkeit im Exil fort – er schrieb dort die elegischen Werke *Tristia* (Lieder der Trauer), *Epistulae ex Ponto* (Briefe vom Schwarzen Meer) sowie den *Ibis*, eine Schmähschrift gegen einen Gegner in Rom – und ließ seine *persona* jetzt einiges über sich selbst berichten. Deshalb sind wir darüber informiert, daß der Dichter in den letzten Jahren vor der Verbannung die dritte Stufe seiner «vergilischen» Karriere betreten hatte. Es waren als Gegenstück zur *Aeneis* wiederum zwei Werke aus seiner Feder hervorgegangen beziehungsweise noch im Entstehen (das ist nicht mehr eindeutig zu rekonstruieren): das Hexameteropus *Metamorphosen* und die *Fasti*, ein in elegischen Distichen verfaßter Kommentar zum römischen Festkalender, von dem uns die Bücher 1–6 über die Monate Januar–Juni erhalten sind. In der Rolle des Verbannten behauptet Ovid in *Tristia* 1.7, vor der Reise nach Tomi seien die *Metamorphosen* noch unvollendet gewesen und er habe sie verbrannt. Das kann mit Rücksicht auf die Sprechsituation – die *persona* der Exilelegien beklagt permanent ihr Los – fingiert sein, aber die Möglichkeit, daß das Hexameteropus erst in Tomi fertiggestellt wurde, ist keineswegs auszuschließen. Freilich beruht es auf nichts weiter als Spekulation, wenn einzelne Forscher behaupten, mehrere Mythen der *Metamorphosen* – darunter die Geschichte von Dädalus, der zusammen mit seinem Sohn Ikarus dem Exil in Kreta durch die Luft entflieht (s. u. S. 71–74) – enthielten Anspielungen auf Ovid als den aus der Heimat Verbannten.

Metamorphosen und *Fasti* haben gemeinsam, daß sie eine Aneinanderreihung von Aitien (Erklärungssagen) bieten und deshalb in der Forschung gerne als ätiologische Kollektivgedichte bezeichnet werden. Mythologisch gedeutet hat man in der Antike zum einen Naturphänomene, zum anderen Kulte und Namen, und letzteres ist auch ein wichtiges Thema in

Vergils *Aeneis*: Der Epiker präsentiert die Sage von Äneas als Erklärung der Macht und Größe des Imperiums, über das Augustus herrscht. Zu dieser Art von Interpretation der Vergangenheit aus der Sicht der Gegenwart bilden die *Fasti*, die überwiegend Kult- und Namensaitien enthalten, darunter viele römische, in gewisser Weise die Fortsetzung. Sie knüpfen aber auch an die *Metamorphosen* an: Dort lesen wir eine mit der Erschaffung der Welt beginnende, bis in die Lebenszeit des Dichters reichende mythologische Weltgeschichte, durch die überwiegend Erscheinungen in der Natur erklärt werden und die nur in den letzten 401 Versen auch römische Kultaitien einbezieht (15.479–879). Wenn Ovid seine Erzähler-*persona* im Prolog explizit sagen läßt, der Endpunkt des Verwandlungsreigens werde seine eigene Zeit sein – im Originaltext steht *tempora* (1.4) –, kann man das auf einer zweiten Verständnisebene so lesen, als sage er, er wolle das Werk bis zu dem Punkt führen, an dem seine *Fasti* beginnen. Denn am Anfang dieser Dichtung steht *Tempora,* und in der Antike benutzte man, wenn von einem literarischen Werk die Rede war, häufig statt des Titels das erste Wort.

Wie Vergil an mehreren Stellen der *Aeneis* auf die *Bucolica* und die *Georgica* rekurriert und auf diese Weise deutlich macht, daß er sein Œuvre als thematisch vielfach vernetzte Einheit verstanden wissen will – z. B. wiederholt er einzelne Verse aus den beiden älteren Werken –, so finden sich in Ovids *Metamorphosen* immer wieder verschiedenartige Rückbezüge auf die zuvor von ihm verfaßten elegischen Dichtungen. Schon bei Lektüre der Vorrede zu dem Hexameteropus soll man sich offenbar an ein früher entstandenes Werk erinnern, und zwar passenderweise an die ersten Verse der ersten *Amores*-Elegie, worin der Sprecher erzählt, wie er durch den Liebesgott von einem Epiker in einen Elegiker verwandelt wurde. Hier der Text von *Met.* 1.1–4 in einer möglichst wörtlichen Versübertragung:

Wie sich in neue Körper Gestalten verwandelten, treibt's zu
künden mich. Götter, zum Plan (denn ihr habt auch jenen verwandelt)

schenkt mir Inspiration, und vom ersten Ursprung des Kosmos
führt bis in meine Zeit die Dichtung ununterbrochen.

Man stelle sich vor, die *Metamorphosen* wurden, wie es in der Antike oft geschah, mündlich vorgetragen, und unter den Zuhörern befanden sich solche, die Ovid bisher nur als Elegiker kannten und nichts von dem neuen Werk wußten. Solche Erst-Rezipienten konnten bis zu dem Wort ‹denn› in Vers 2 erwarten, dieser werde als Pentameter enden. Es hätte sich nämlich die Quantitätenfolge *kurz-kurz-láng-kurz-kurz-láng* anschließen können, also etwa so: «dénn, was ich wíll, ist nicht leícht». Aber in dem Vers, den Ovid wirklich schrieb, verhindert bereits das erste auf ‹denn› folgende Wort, ‹ihr›, weil es lang und betont ist, die Entstehung eines Pentameters, und so lesen wir nun den Hexameterschluß «denn íhr habt auch jénen verwándelt». Das Wort ‹ihr› bewirkt also die «Metamorphose» des Versmaßes, der Gattung und des ursprünglichen Plans. Und da ‹ihr› (im Originaltext steht an derselben Stelle *vos*) sich auf die Götter bezieht, die wie Amor in *Amores* 1.1 den ursprünglichen Plan «verwandelten», ist dies eine besonders reizvolle Anspielung auf das einst geschriebene Gedicht.

2. Der augusteische Kontext

Die eigene Zeit, bis zu der die Götter dem Prolog zufolge Ovids mythische Weltgeschichte führen sollen, nennt man die augusteische, und ihr werden fünf römische Dichter zugeordnet, deren Werke uns erhalten sind: Vergil (70–19 v. Chr.), Horaz (65–8 v. Chr.), Tibull (gest. 19/18 v. Chr.), Properz (gest. nach 16 v. Chr.) und Ovid. «Augusteisch» steht primär für die Epoche, in der Caesars (Adoptiv-)Sohn Oktavian, der 27 v. Chr. den Beinamen Augustus erhielt, erst als Imperator zusammen mit M. Antonius und nach seinem Sieg über ihn im Bürgerkrieg als Prinzeps die höchste Macht im römischen Staate innehatte, also für die fast 60 Jahre von 44 v. bis 14 n. Chr. In einem engeren Sinne kann man «augusteisch» aber auch mit «proaugusteisch» gleichsetzen und dann das Adjektiv nur mit den Dichtungen Vergils und des Horaz verbinden, weil darin die Politik des Oktavian/Augustus nicht nur relativ früh – erstmals um 35 v. Chr. in den *Bucolica*, bald nach 31 v. Chr. in Horazens *Epoden* – gutgeheißen, sondern auch die Person des Staatsmannes an mehreren Stellen des jeweiligen Werkes panegyrisch gepriesen wird. Die Elegiker Tibull, Properz und Ovid dagegen lassen ihre *personae* als Angehörige einer ganz und gar vom Liebesgott Amor beherrschten Gegenwelt zum römischen Staat sprechen und eine Verherrlichung des Prinzeps deshalb entweder dezidiert ablehnen (Properz) oder stillschweigend aus der Dichtung ausklammern (Tibull, Ovid).

Lieferte den drei Elegikern ihre Gattung die Rechtfertigung dafür, daß sie «unaugusteisch» dichteten, so kommt bei Ovid noch dies hinzu: Er hatte im Gegensatz zu seinen beiden älteren Kollegen den Bürgerkrieg nicht als erwachsener Mann miterlebt und publizierte sein erstes Werk um 15 v. Chr., also zu einer Zeit, als der Prinzeps seine Herrschaft gefestigt und seinen Untertanen offenkundig auf Dauer Frieden und Wohlstand gesichert hatte. Augustus bedurfte jetzt nicht mehr in demselben Maße wie früher der Parteinahme für seine Politik, durch die er unter scheinbarer Beibehaltung der republikanischen Verfassung die Monarchie zu etablieren vermochte. Die römischen Dichter konnten sich, wenn sie wollten, wie alle übrigen Bürger der neuen Lebensbedingungen ganz einfach erfreuen, und für ebendies entscheidet sich Ovids Ich-Sprecher in der *Liebeskunst*, indem er in betonter Abkehr von der Verherrlichung altrepublikanischer Zustände verkündet: «Die alten Zeiten mögen anderen gefallen, ich gratuliere mir, daß ich jetzt erst geboren bin. Dieses Zeitalter paßt zu meiner Art» (3.121 f.). Die Begründung dafür ist, daß Rom in neuem Glanz erstrahlt – das verdankt die Stadt, wie der zeitgenössische Leser weiß, dem Bauprogramm des Prinzeps – und von eleganten Frauen bewohnt wird. Ovid integriert also die Segnungen der augusteischen Herrschaft in seinen poetischen Diskurs, und das gilt sogar für eine Stelle in der *Ars*, die Kaiserlob enthält: Hier preist der Ich-Sprecher den (Adoptiv-)Sohn des Augustus, C. Caesar, vor dessen Expedition gegen die Parther (1.177–

228), aber dies vor allem deswegen, weil der für die Rückkehr des Prinzen zu erwartende Triumphzug Roms jungen Männern Gelegenheit geben wird, während des Zuschauens mit Frauen zu flirten.

Als Autor der *Metamorphosen* geht Ovid bei der Integration des Kaisers in seine literarische Welt so weit, Augustus zusammen mit Caesar einen Platz innerhalb seiner mythologischen Weltgeschichte zuzuweisen: Kurz vor dem Ende des Werks berichtet seine Erzähler-*persona* von der Verwandlung Caesars in ein Gestirn und bittet anschließend die Götter, mit der Versetzung des Prinzeps an den Himmel noch möglichst lange zu warten (15.745–870). Mehrere Erklärer der *Metamorphosen* nehmen an, der Abschnitt über Caesar und Augustus enthalte übertriebene Schmeicheleien, mit denen Ovid Kritik an dem Kaiser tarne. Wir werden uns mit dem Text noch ausführlich befassen (S. 113–117), aber so viel sei schon jetzt gesagt: Das darin artikulierte Herrscherlob dürfte eher Resultat einer vorsichtigen Haltung Ovids im Umgang mit Augustus sein. Als der Dichter an seinem Hexameteropus schrieb, war der Kaiser gegenüber jeder Art von Opposition vermutlich besonders empfindlich, da das Reich sich in einer Krise befand. Die Bevölkerung Roms litt unter Getreideknappheit, zu hohen Steuern, Verschuldung und Feuersbrünsten, und von außen war der Frieden durch Aufstände in Pannonien, Dalmatien und später Germanien bedroht. Außerdem sah sich Augustus auch nach dem Jahre 4 n. Chr., in dem er eine Serie von Fehlschlägen seiner Bemühungen um die Erbfolge durch die Adoption seines Stiefsohnes Tiberius beendet zu haben glaubte, mit neuen Problemen in diesem Bereich konfrontiert: Davon ausgehend, daß Julia und Agrippa Postumus, zwei Kinder seiner 2 v. Chr. verbannten Tochter Julia, gegen seine dynastische Politik opponierten, schickte er die beiden in den Jahren 7 und 8 n. Chr. ins Exil.

Verbannt wurde im Jahre 8 n. Chr. aber auch Ovid. Darin darf man eine Bestätigung dafür sehen, daß sich während der Entstehungszeit der *Metamorphosen* Vorsicht empfahl: Offenbar war der Dichter denn doch nicht vorsichtig genug gewesen. Aber hatte er den Herrscher durch seine Verse verärgert? In Buch 2 der *Tristia*, einer Versepistel an Augustus, nennt er zwei Gründe für seine Exilierung (V. 207): *carmen et error* (Gedicht und Verfehlung). Mit dem Gedicht meint Ovid offensichtlich die *Liebeskunst*, während er über die Verfehlung lediglich sagt, er habe etwas erblickt, was er nicht hätte erblikken dürfen, sich aber schuldig bekennt (103–108). Wenn er sich dagegen für die Abfassung der *Liebeskunst* ausgiebig rechtfertigt, kann das ein Ablenkungsmanöver sein. Er verrät uns nämlich, daß Augustus es nicht gern gesehen hätte, falls allgemein bekannt geworden wäre, was es mit dem anderen Verbannungsgrund, dem *error*, auf sich hatte, und das gibt uns Anlaß zu folgender Annahme: Dieser andere Grund war ein rein politischer; vermutlich hatte Ovid durch falsches Verhalten im Zusammenhang mit den Maßnahmen des Augustus zur Sicherung der Thronfolge dessen Zorn erregt. Es ist also denkbar, daß der Verbannungsgrund «*Liebeskunst*» kaum von Bedeutung war oder sogar von Ovid erfunden wurde und daß folglich der Kaiser den Dichter gar nicht in dessen Eigenschaft als Autor von Versen bestrafte.

Nun haben einzelne Ovid-Forscher sogar zu zeigen versucht, mit dem «Gedicht» sei nicht oder nicht nur die *Liebeskunst*, sondern (auch) das Hexameteropus gemeint. Ist das denkbar? Gänzlich ohne Beweiskraft sind allegorische Interpretationen, die einzelne der in den *Metamorphosen* negativ handelnden Personen mit Augustus gleichsetzen – etwa Phaëthon, der den Wagen seines Vaters, des Sonnengottes, einmal lenken darf, dabei die Kontrolle über die Pferde verliert und einen Weltenbrand verursacht – und daraus Argumente dafür ableiten, Ovid übe implizit Systemkritik. Aber wie steht es damit, daß in dem Hexameteropus ständig von Veränderungen erzählt wird, der permanente Wandel der Dinge also als Prinzip der Weltgeschichte verstanden werden kann? Da ein wichtiges Element der augusteischen Politik zum einen die Restauration von Institutionen des Staates und der Staatsreligion war, zum anderen die Propaganda für den Herrscher in Wort und Bild das Ideal des ewigen Rom (*Roma aeterna*) vertrat, hat man gesagt, Augustus hätte an einer Weltgeschichte der Metamorphosen Anstoß nehmen müssen. Dagegen wurde aber mit Recht eingewandt, für die Politik des Prinzeps sei auch und gerade die Transformation bestehender Strukturen charakteristisch gewesen, und dem entsprächen z. B. das ganz auf eine Veränderung des Stadtbildes ausgerichtete Bauprogramm des Augustus sowie die Innovationen, welche die augusteische gegenüber der republikanischen Dichtung auszeichnen. Tatsächlich schreibt Livius einmal – und das dürfte ganz im Sinne des Prinzeps gewesen sein –, in einer auf Ewigkeit hin gegründeten Stadt müßten neue Ämter, Priestertümer und Rechtssatzungen eingerichtet werden (4.4.4).

In dem Gedicht *Tristia* 3.3 verkündet Ovid mit der Stimme des Verbannten, der auf sein Leben zurückblickt, er möchte in seiner Grabinschrift als der Dichter, der mit den Erfahrungen zärtlicher Liebe sein Spiel trieb (*tenerorum lusor amorum*), bezeichnet werden (V. 73). Da Erotik nicht nur in der von Ovid bis etwa 4 n. Chr. verfaßten elegischen Poesie, sondern auch in den *Metamorphosen* ein wesentliches Element bildet, darf man die Selbstcharakterisierung als «Spieler» auch auf dieses Werk beziehen. Und wirklich spielt der Erzähler hier auf Schritt und Tritt mit allem und jedem. Wir können also davon ausgehen, daß Ovid sein zeitgenössisches Publikum mit den *Metamorphosen* in erster Linie geistreich und amüsant zugleich unterhalten wollte. Daß er damit eine zwischen den Zeilen steckende Opposition gegen Augustus verband, ist nicht sehr wahrscheinlich. Freilich kann man sich ohne weiteres vorstellen, daß lange vor einzelnen Philologen des 20. Jahrhunderts schon der eine oder andere Zeitgenosse das Werk zumindest abschnittsweise als subversiv empfand. Aber zielte Ovid darauf ab? Das halte ich für mehr als fraglich.

3. Die literarische Tradition

Die bereits zitierte Vorrede zu den *Metamorphosen* ist zwar ungewöhnlich kurz, aber reich an Aussagen über die literarische Tradition, an die Ovid anknüpft. Zieht man die Prologe anderer berühmter Werke, die in Hexametern verfaßt sind, zum Vergleich heran, stellt man fest: Während Homers *Ilias* und *Odyssee* sowie Vergils *Aeneis* zu Beginn die Taten eines Helden ankündigen und sich somit eindeutig als heroische Epen ausgeben, verheißt der Erzähler der *Metamorphosen*, über Verwandlungen von Gestalten in neue Körper, also ein Sachthema, «singen» zu wollen, und deshalb erwartet man von ihm zunächst ein Lehrgedicht in der Art von *De rerum natura* (Die Natur der Dinge) des Lukrez. Doch dann erfahren wir, daß dieses Sachthema nicht wie sonst in einem didaktischen Hexameteropus systematisch erörtert werden soll, sondern nach Art des narrativen Epos in einer fortlaufenden Erzählung und noch dazu im Rahmen einer Weltgeschichte. Ovid spricht hier von einem *carmen perpetuum*, und damit übernimmt er, wie die zeitgenössischen Leser bemerkt haben dürften, von dem hellenistischen Dichter Kallimachos (ca. 320–240 v. Chr.) einen Begriff, mit dem dieser einmal ein von Königen und Heroen handelndes poetisches Werk bezeichnet (*Aitia* Frg. 1.3–5). Andererseits spielt der römische Dichter, indem er die Götter bittet, sein *carmen* vom Ursprung der Welt in die eigene Zeit «herabzuführen» (*deducere*), auf einen von Vergil im sechsten Hirtengedicht verwendeten Terminus an: *carmen deductum*. Das bedeutet, da *deducere* vom «Herabführen» der Fäden am Webstuhl gebraucht werden kann, «fein gesponnenes Gedicht», und ein solches erzählt, wie der Dichtergott Apollo bei Vergil sagt, gerade nicht von Königen und Schlachten (*Ecl.* 6.3–5).

Ovid betreibt also in doppelter Hinsicht das, was die Philologen Gattungskreuzung nennen: Er kombiniert sowohl Lehrgedicht und Epos als auch «fortlaufendes» und «fein gesponnenes Gedicht». Soweit es sich bei den *Metamorphosen* um ein *carmen deductum* handelt, setzt Ovid in gewisser Weise die Art seines bisherigen Dichtens fort. Denn als «fein gesponnen» galt seit Kallimachos die sogenannte «Kleinpoesie», in der es nicht wie im Epos um Haupt- und Staatsaktionen, sondern um alltägliche Begebenheiten wie die Romanze von zwei unheroischen Liebenden geht und deren Verfasser nicht pathetisch, sondern in schlichter Diktion, mit Liebe zum Detail, anspielungsfreudig und humorvoll schreiben. Ebendies ist charakteristisch für sämtliche erhaltenen Werke Ovids von den *Amores* bis zu den *Remedia amoris* und wird nun auch zu einem wichtigen Element der *Metamorphosen*, die in Stoffwahl und Stil zumindest teilweise der Kleinpoesie gleichen. Und noch eines haben sie mit diesem Genre gemeinsam: Wie schon Kallimachos und andere Verfasser von Kleinpoesie spricht auch Ovid in seiner elegischen Liebesdichtung und dann wieder in dem Hexameteropus als *poeta doctus* (gelehrter Dichter). Er stellt subtile intertextuelle Bezüge zu den verschiedensten literarischen Werken her und verrät dabei zum Beispiel seine Vertrautheit mit entlegenen Mythen oder philologischen Kommentaren zu den von ihm «zitierten» Autoren, insbesondere zu Homer. Im Bereich der Sprache gibt er sich dadurch «wissenschaftlich», daß er Wortwitz unter anderem durch Anspielung auf etymologische Bedeutungen erzeugt, die zeitgenössische Linguisten herausgefunden zu haben glauben.

Speziell an die erotische Elegie als die von ihm bisher gepflegte Gattung erinnert Ovid in mehreren seiner Verwandlungsmythen durch spielerische Verwendung von Motiven dieser Form der Kleinpoesie. Typisch für das Genre ist etwa folgendes: Der elegisch Liebende verbringt, weil sich die von ihm begehrte Frau seinem Werben gegenüber hart zeigt und ihm nicht ihre Tür öffnet, die Nacht auf ihrer Schwelle, läßt dabei ausgiebig seine elegische Klage ertönen und wiederholt das immer wieder sogar dann, wenn er weiß, daß die Geliebte sich einem anderen Mann zugewandt hat. All dies erfolgt in Übereinstimmung mit einer Art Verhaltenskodex, dem «elegischen System», dem der elegisch Liebende sich verpflichtet weiß: Er unterwirft sich der Geliebten als ihr Sklave und erklärt sich bereit, auch dann ausschließlich für sie zu leben, wenn sie sich ihm verweigert, und das bis zum Tod. Wer nun dieses «System» kennt, vermag die ironischen Untertöne zu würdigen, mit denen der Erzähler der *Metamorphosen* etwa die Geschichte von Narziß präsentiert. Dieser, ein bildschöner junger Mann, der sich in sein Spiegelbild verliebt, klagt so lange darüber, daß er von dem Objekt seines Verlangens getrennt ist und dieses seine Liebe nicht erwidert, bis er den Liebestod stirbt (3.339–510). Gewiß, die Tragik eines solchen Geschehens bringt Ovid durchaus auch zur Geltung, aber gleichzeitig zeigt er sich als *tenerorum lusor amorum* und verleiht so seiner Version der Geschichte einen besonderen Reiz, der ihr das Nachleben über die Jahrhunderte gesichert hat.

Neben zahlreichen Mythen in der Tradition der Kleinpoesie, zu denen auch derjenige von Narziß gehört, enthalten die *Metamorphosen* mehrere Passagen, die, teilweise sehr lang, vom Epos beeinflußt sind. Das Hexameteropus bringt die Thematik Homers und anderer Epiker insofern kräftig zur Geltung, als auch hier von Kämpfen erzählt (z.B. 12.210–535), Gleichnisse und Kataloge verwendet, Kunstwerke beschrieben (z.B. 2.1–18) und einmal detailliert die einzelnen Stadien eines heftigen Sturmes sowie dessen verheerende Folgen geschildert werden (11.478–569). In der Rolle des epischen Erzählers lehnt Ovid sich immer wieder sowohl stilistisch – etwa mit dem in der Kleinpoesie vermiedenen Pathos – als auch durch seine Erzählhaltung betont an die in der *Aeneis* sprechende epische *persona* Vergils an. Diese nimmt im Gegensatz zu derjenigen Homers lebhaft Anteil am Geschehen, verrät manchmal sogar überdeutlich ihre Empathie mit den handelnden Personen und geht sogar so weit, sie direkt anzureden. Genau dies finden wir auch bei Ovid, zum Beispiel in der Narziß-Geschichte. Dort hat der Erzähler gerade von Bekundungen der Zuneigung des jungen Mannes zu seinem Spiegelbild berichtet und dabei die für das Epos sonst charakteristische erzählerische Distanz noch einigermaßen gewahrt, als er plötzlich zu Narziß sagt (3.432–436):

Leichtgläubiger, was haschst du umsonst nach einem flüchtigen Bild?
Was du erstrebst, ist nirgends; was du liebst, wirst du, wendest du dich ab, verlieren.
Das, was du siehst, ist der Schein eines zurückgeworfenen Bildes.
Es hat kein eigenes Wesen. Mit dir kam es und bleibt es,
mit dir wird es fortgehen, falls du fortzugehen vermagst.

Das ist aus der Erregung heraus gesprochen, aber überwiegend von der Ratio gesteuerte Belehrung. Damit rückt der Erzähler offenkundig in die Nähe des Liebeslehrers, als der Ovid in Buch 1 und 2 der *Ars amatoria* junge Männer in der Kunst erotischer Strategien unterweist und dabei auch vor Illusionen warnt. Vergilische Empathie verbindet sich also mit Ovidischer Freude am literarischen Spiel, wie man es eher aus der Kleinpoesie kennt. Immer wenn die Erzählerfigur der *Metamorphosen* in irgendeiner Weise auf die von ihr geschilderten Ereignisse reagiert, klingt das zunächst ebenso ernst wie pathetisch und in diesem Sinne episch, aber sobald man hinter die Maske der epischen *persona* auf ihren Schöpfer, den Autor Ovid, blickt, sieht man das Augenzwinkern. Ein gutes Beispiel ist der Abschnitt *Met.* 6.461–473a. Hier erfahren wir zunächst, daß der mit Prokne verheiratete König Tereus um ihre Schwester Philomela, die er später vergewaltigen und anschließend durch Herausreißen ihrer Zunge zum Schweigen bringen wird, wie ein elegischer Liebhaber wirbt und dabei den Eindruck erweckt, er habe die *Liebeskunst* gelesen. Nachdem der Erzähler ausführlich berichtet hat, wie Tereus das in der *Ars* gelehrte zielstrebig anwendet, ruft er aus:

Oh ihr Himmlischen! Wieviel an finsterer Nacht doch in den Herzen der Sterblichen wohnt!

Besonders gerne kommentiert der Erzähler der *Metamorphosen* in Parenthesen. Dabei gelingt es ihm auch dann, wenn er in einer Randbemerkung die Erzählerpose beibehält, seine Sicht der Dinge erkennbar zu machen. Man nehme etwa die Szene, in der Jupiter zu der gerade erst erblickten Io, mit der er auf der Stelle schlafen möchte, zunächst folgendes sagt: Sie könne sich in dem dunklen Wald, in den sie mit ihm gehen solle, seines Schutzes sicher sein, weil er der oberste Gott sei. Das ist natürlich eine Heuchelrede, die Jupiter dann auch plötzlich abbricht, indem er ausruft: ‹Flieh nicht vor mir!› Worauf der Erzähler lapidar und unverkennbar höhnisch bemerkt: «Sie floh nämlich» (1.588–597a).

Wie bereits im Proöm (Vorrede) angedeutet wird, spricht Ovid in den *Metamorphosen* nicht nur als Erzähler, sondern auch als Lehrdichter. Dies kann in der Weise erfolgen, daß er ein Thema behandelt, welches auch in didaktischer Poesie gern zur Sprache kommt, und dabei spielerisch die Diktion des Lukrez evoziert; so finden wir es gleich in dem Abschnitt über die Weltentstehung, der Kosmogonie (1.5–88). Oder Ovid übernimmt, indem er am Ende der Erzählung einer Verwandlungssage den Vorgang der Metamorphose mit scheinbarer wissenschaftlicher Akribie schildert, vorübergehend die Rolle des dozierenden Poeten. Freilich handelt es sich bei den Verwandlungen, die Ovid den Leser oft stufenweise nachvollziehen läßt, stets um ein mirakulöses Geschehen, das in der Realität ganz unvorstellbar ist und das auch das zeitgenössische Publikum des Dichters, die Reichen und Gebildeten in Rom unter Kaiser Augustus, schwerlich für möglich hielten. Aber dadurch, daß der Erzähler sich bei seiner Beschreibung des Verwandlungsvorganges wie ein observierender Naturwissenschaftler ausdrückt, verleiht er dem Geschehen wenigstens dem Anschein nach einen hohen Grad von Glaubwürdigkeit. So entsteht eine Spannung zwischen Mythos und Wirklichkeit, die, für das ganze Hexameteropus charakteristisch, ganz wesentlich dazu beiträgt, daß es gattungstypologisch sehr schwer einzuordnen ist. Vielleicht trifft die Klassifizierung E. J. Bernbecks, der die *Metamorphosen* als «spielerische Abwandlung des Epos» bezeichnet, noch am ehesten das Richtige. Aber im Grunde haben wir es bei diesem Werk mit etwas in seiner Art so Einmaligem zu tun, daß die in der Antike geprägten literartheoretischen Begriffe zu seiner Definition nicht so recht geeignet scheinen.

Also etwas ganz und gar Neuartiges in der Geschichte der antiken Literatur. Man mag das unglaubwürdig finden angesichts der Tatsache, daß die römische Dichtung und Prosa ganz entscheidend von der griechischen beeinflußt ist und es sich bei nicht wenigen in lateinischer Sprache verfaßten Werken des Altertums um mehr oder weniger freie Bearbeitungen hellenischer Vorlagen handelt. Könnten nicht auch Ovids *Metamor-*

phosen durch Adaptation eines themengleichen griechischen Textes entstanden sein?

Ein solcher Text wäre ein heute verlorenes Werk gewesen, und in Frage kommen wohl nur die *Heteroiumena* (Verwandlungen) Nikanders von Kolophon (3. oder 2. Jh. v. Chr.). Von seinem Umgang mit dem Stoff können wir uns eine gewisse Vorstellung machen, da der wohl im 2. Jahrhundert n. Chr. lebende griechische Mythograph Antoninos Liberalis mehrere Erzählungen Nikanders als Quelle für seine in Prosa geschriebenen und noch erhaltenen 41 Verwandlungsmythen heranzog. Nun werden auch fast alle der auf die *Heteroiumena* zurückzuführenden Geschichten ebenfalls bei Ovid erzählt, aber die Mehrzahl von ihnen stimmt mit den Versionen der *Metamorphosen* nicht überein. Außerdem gibt es keinen Hinweis darauf, daß Nikander, dessen Werk nur vier oder fünf Bücher umfaßte, seine Verwandlungssagen in den Rahmen einer mythologischen Weltgeschichte stellte. Wir haben gesehen, daß Ovid sein Proöm, in dem er eine solche und somit eine fortlaufende epische Erzählung ankündigt, wie die Vorrede zu einem Lehrgedicht gestaltet hat. Da er überdies andeutet, er werde sein *carmen perpetuum* «fein gesponnen» darbieten, darf man davon ausgehen, daß er die *Metamorphosen* bereits hier als ein aus mehreren Gattungen hergeleitetes und dementsprechend mit dem Blick auf die verschiedensten mythologischen Texte komponiertes Werk verstanden wissen wollte. Und so ist es ja auch: Von Homers *Ilias* bis zu Vergils *Aeneis* und darüber hinaus benutzte Ovid eine Fülle von Dichtungen und Prosaschriften, die er seinem neuen Konzept anverwandelte und dem Leser nun durch ebenso subtile wie amüsante intertextuelle Bezüge vergegenwärtigt.

Es ist nicht unwichtig für das Verständnis der Aussage des Dichters in den *Metamorphosen*, daß man die Referenztexte im Geiste mitliest. Auf das Werk eingewirkt haben ja nicht nur Epos, Lehrgedicht und Elegie, sondern auch der Götterhymnus, narrative Passagen in der griechischen und römischen Lyrik, die Tragödie, die Komödie, die Bukolik, die hellenistische Verserzählung und das Epigramm. Außerdem dürfte Ovid mythographische Handbücher, Weltchroniken und, wie bereits erwähnt, philologische Kommentare zu älteren Texten studiert haben. Natürlich kann man nicht von jedem Leser verlangen, daß er über die Breite dieses literarischen Hintergrundes verfügt. Aber er muß das auch gar nicht um jeden Preis. Ovids *Metamorphosen* sind bei all ihrer kulturhistorischen Bedingtheit auf jeden Fall ein Stück Weltliteratur, ein über die Zeiten hinweg in der Fülle seiner Bilder hell erstrahlender Riesenteppich der «Sinnlichkeiten und Besinnlichkeiten», wie Otto Seel es einmal treffend formuliert hat. Und deswegen ist das Werk auch denjenigen, die nicht näher mit der übrigen antiken Literatur vertraut sind, ohne weiteres zugänglich.

4. Die Werkstruktur

Als *carmen perpetuum*, das einen Mythos an den anderen reiht und mehrfach kurz vor einem Buchende eine neue Geschichte beginnen läßt, entziehen sich die *Metamorphosen* auf den ersten Blick jeder Strukturierung. Um so mehr haben sich Philologen immer wieder dazu herausgefordert gefühlt, ein wenigstens bei näherem Hinsehen erkennbares Gliederungssystem nachzuweisen. Von den zahlreichen Vorschlägen, die gemacht wurden, vermag freilich nur einer zu überzeugen: Innerhalb der 15 Bücher kann man drei Blöcke von je fünf Büchern, also drei Pentaden, voneinander abgrenzen; Ovid selbst gibt uns vielleicht einen Hinweis auf diese Einteilung, indem er zweimal in seiner Exilpoesie von *ter quinque volumina* (dreimal fünf Buchrollen) spricht (*Trist.* 1.1.117; 3.14.19). Die drei Pentaden unterscheiden sich dadurch voneinander, daß in der ersten Göttermythen dominieren, der zweiten die Sagen über Heroen der Zeit vor dem Trojanischen Krieg ein wesentliches Gepräge geben und von der dritten die mit diesem Krieg beginnende und bis zur Verstirnung Caesars im Juli 44 v. Chr. reichende «historische» Zeit umfaßt wird. Jede Pentade enthält in ihrem fünften Buch einen längeren Erzählabschnitt, den man als *mise en abyme* bezeichnen darf, da hier wichtige Motive des jeweils vorausgegangenen Abschnitts innerhalb der mythischen

Weltgeschichte rekapituliert werden: Eine Art Zusammenfassung von *Met.* 1.5–5.249 bietet die Erzählung der Muse in 5.250–678; den Werkabschnitt 6.1–10.142 rekapituliert zumindest teilweise der Gesang des Orpheus (10.143–739), und das Gesamtwerk wird in der Rede des Pythagoras widergespiegelt (15.75–478); eine kurze Reihe römischer Kultaitien (15.479–570) bildet zusammen mit dem Epilog des Erzählers (15.571–579) die Koda (15.479–879).

Die Pentadenstruktur liefert freilich nicht mehr als ein Grobraster, das überdies nur bei wiederholter Lektüre die größeren Geschehenszusammenhänge erkennen läßt. Liest man das Werk erstmals linear von Anfang bis Ende, bemerkt man in erster Linie, daß der Erzähler beim Aneinanderreihen seiner Mythen um Variation der Verknüpfungsmethoden bemüht ist. Meist bewirkt einfach irgendeine Assoziation die Fortsetzung, oder Personen des fortlaufenden Geschehens übernehmen vorübergehend die Rolle des Erzählers, wobei auch sie weitere Erzähler zu Wort kommen lassen können. Ovid legt offenbar viel Wert darauf, auch mit den Übergängen von Mythos zu Mythos sein amüsantes Spiel zu treiben; man betrachte etwa folgendes Beispiel (11.749–12.4): Gerade wurde erzählt, wie Keyx und Alkyone in Eisvögel verwandelt wurden, und dann lesen wir (11.749–758):

Diese sieht irgendein älterer Mann vereint über das weite Meer
fliegen und lobt ihre bis zum Ende bewahrte Liebe.
Einer neben ihm oder vielleicht derselbe sagte: «Auch dieser,
den du über das Meer dahinstreben siehst mit schmächtigen Beinen»
– dabei zeigte er auf einen langhalsigen Tauchervogel –
«ist von königlichem Geschlecht, und wenn du zu ihm herabsteigen
willst in genealogischer Reihe: Seine Ahnen sind
Ilus und Assarakus und der von Jupiter geraubte Ganymedes
und Laomedon der Greis und Priamus, der die letzten Jahre
Trojas erloste. Ein Bruder Hektors war dieser ‹Vogel› da.»

Man hat den Eindruck, es werde durch die Assoziation Eisvögel/Tauchervogel zum Mythos vom Kampf um Troja übergeleitet, und das wäre witzig genug, da dieser Mythos für die Römer die Vorgeschichte zu der Geschichte von der Gründung ihrer Stadt darstellte. Aber erst einmal bekommen wir ausführlich erzählt, wie es geschehen konnte, daß Hektors Bruder (er hieß Äsakus) in einen Tauchervogel verwandelt wurde (11.759–795), dann ist das laufende Buch beendet, und zu Beginn des nächsten heißt es (12.1–4):

> Nicht wissend, daß Äsakus Flügel erhalten hatte und lebte, trauerte sein Vater Priamus um ihn. Einem Grabhügel, der den Namen trug, hatte Totenopfer dargebracht mit den Brüdern Hektor, vergebliche. Es fehlte bei der Trauerfeier Paris ...

Wo ist Paris? Er raubt, wie unschwer zu vermuten ist, gerade Helena. Das braucht der Erzähler also nur kurz zu erwähnen, aber dann beginnt er endlich mit seiner Version der Geschichte vom Kampf um Troja.

Das Beispiel hat auch gezeigt, wie eng Ovid die Bücher miteinander verbindet. Man würde eigentlich hier, wo in der Antike ein Papyrus aufgerollt war und ein neuer von seinem Stab heruntergewickelt wurde, einen Einschnitt erwarten, der tiefer ist als die durch gleitende Übergänge nahezu verwischten Zäsuren zwischen den einzelnen Mythen. Bei genauer Betrachtung der Buchanfänge und -enden bemerkt man denn auch, daß Ovid sie mit Hilfe literarischer Anspielungen durchaus markiert hat. Es lassen sich verschiedene Typen von Übergängen unterscheiden. Am häufigsten werden Bücher dadurch verbunden, daß ein Ortswechsel stattfindet:

1/2: Phaëthon begibt sich in 1.778 f. zu seinem Vater, dem Sonnengott, dessen Palast 2.1 ff. beschrieben wird.

2/3: Europa reitet auf Jupiter, der sie in Gestalt eines Stiers entführt, von Sidon aus übers Meer (2.872–875); in 3.1 f. wird vorausgesetzt, daß sie in Kreta angekommen und von dem Gott vergewaltigt worden ist.

5/6: Mit Buch 5 endet die auf dem Helikon vorgetragene Erzählung der Muse vom Gesangswettbewerb der Musen gegen die Pieriden; 6.1 ff. begibt sich Minerva, die zugehört hat, zum Künstlerwettbewerb mit Arachne nach Lydien.

6/7: Zwischen die Bücher fällt die Fahrt der Argonauten.

9/10: Hymenäus, der am Ende von Buch 9 an der Hochzeit des Iphis mit Ianthe in Kreta teilnimmt, begibt sich 10.1 ff. nach Thrakien zur Hochzeit des Orpheus mit Eurydike.

13/14: Zwischen den Büchern schwimmt der Meergott Glaukus von Sizilien nach Latium.

Zwei Bücher dadurch zu verknüpfen, daß eine Reise unternommen wird, bot sich für Ovid deswegen an, weil in poetischen Werken der Antike, in denen die Leser vom Ich-Sagenden direkt angesprochen werden – zum Beispiel in einem Lehrgedicht –, dieser für den Fortgang seiner Ausführungen die Metapher von einer Fahrt zur See oder mit einem Wagen verwenden kann.

Wie bei Buch 5 fällt bei 4, 7, 8, 10 und 11 der Schluß des Buches mit dem Schluß einer eingeschalteten Erzählung zusammen, und dafür hatte Ovid zwei berühmte Vorbilder: In Homers *Odyssee* und Vergils *Aeneis* beenden die Protagonisten die Erzählung ihrer Irrfahrten jeweils an einem Buchende (*Od.* 12.453; *Aen.* 3.718). Die Analogie dürfte für Ovids zeitgenössische Leser leicht erkennbar gewesen sein, und das gilt auch für folgende Buchschlüsse: Das Ende von Buch 3 der *Metamorphosen* evoziert dasjenige der *Bakchen*, einer der beiden letzten Tragödien des Euripides (485/80–406 v. Chr.), und mit dem Übergang *Met.* 14/15 erinnert Ovid an den Übergang von Buch 1 nach Buch 2 in den (nur fragmentarisch erhaltenen) *Annalen* des Q. Ennius (239–169 v. Chr.). Eher versteckt ist der Bezug, den Ovid zwischen den jeweils ersten beiden Worten von Buch 13 der *Metamorphosen* und Buch 2 der *Aeneis* herstellt: Vergil beginnt mit *conticuere omnes* (es verstummten alle) zu erzählen, wie Äneas seinem Auditorium in einer langen Rede vom Untergang Trojas berichtet; Ovid beginnt mit *consedere duces* (es saßen da die Heerführer) zu erzählen, wie Odysseus seinem Auditorium in einer langen Rede seinen Anspruch auf die Waffen des Achilles begründet und dabei mehrfach auf den Kampf um Troja zu sprechen kommt.

Am Schluß meines Übersichtskapitels betrachte ich etwas näher den Schluß von Buch 8 der *Metamorphosen*, da Ovid hier bei seinem Bemühen, einerseits einen gleitenden Übergang zu schaffen, andererseits durch subtile Intertextualität wenigstens implizit das Buchende deutlich zu markieren, ein besonders reizvolles Spiel treibt. Der offenbar in Stiergestalt auftretende Flußgott Achelous verweist nach dem Ende seiner Erzählung von Erysichthon und Mestra darauf, daß er an der Stirn nur noch ein Horn trägt, und seufzt. Weil damit Buch 8 endet, erwartet man vom Beginn des neunten Buches mit Spannung eine Erklärung für den Verlust des anderen Horns und erhält sie auch, nachdem Theseus darum gebeten hat: Achelous erzählt von seinem Zweikampf mit Herkules, der ihm das Horn abbrach. Hier dürfte auf den Übergang 8/9 in der *Odyssee* angespielt sein: Dort hört der Phäakenkönig Alkinous, an dessen Tafel Odysseus unmittelbar vor dem Ende seiner Irrfahrten bei einem Festmahl zu Gast ist, kurz vor dem Ende von Buch 8 den Helden seufzen und veranlaßt ihn daraufhin durch eine längere Rede, in der er ihn unter anderem auffordert, den Grund für seinen Kummer zu nennen, zur Erzählung der Irrfahrten; diese beginnt in Buch 9. Beim Übergang 8/9 in den *Metamorphosen* bewirkt das «Hornmotiv» aber nicht nur das Erzählkontinuum, sondern setzt zudem andeutungsweise ein Schlußsignal. Denn «Hörner» hatte auch eine antike Buchrolle: Als solche wurden offensichtlich die hornartigen Verzierungen an den beiden Enden des Rollenstabes bezeichnet, und es gab die Redensart «Das Buch ist aufgerollt bis zu seinen Hörnern» (*liber est explicitus ad sua cornua*). Wie man sieht, war Buch 8 der *Metamorphosen* für den armen Achelous nur bis zu seinem einen Horn aufgerollt.

III. Werkanalyse

1. Die erste Pentade

Nach dem kurzen Proöm wird die mythische Weltgeschichte durch eine «Prähistorie» eröffnet: Der Erzähler berichtet chronologisch über die Kosmogonie und die alles wieder vernichtende Große Flut, welche die Götter schicken, als die Krone der Schöpfung, der Mensch, erstmals einen hohen Grad an moralischer Verkommenheit erreicht hat, sowie über die Regeneration des Lebens auf der Erde (1.5–451). Dann beginnt mit der Geschichte von Apollo und Daphne (1.452–567) die «eigentliche Handlung» als eine Episodenreihe, in der man während der Lektüre von Buch 1–5 die Sagen über Götter, die Sterbliche entweder lieben oder bestrafen, dominieren sieht. Nachdem diese Mythensequenz mit der Erzählung von dem vergeblichen Werben eines Gottes um eine Nymphe begonnen hat, mündet sie in die Schilderung einer Hochzeitsfeier, bei welcher der Bräutigam, der Jupiter-Sohn Perseus, gegen seinen Rivalen Phineus und dessen Mannen kämpfen muß (4.758–5.249). Am Anfang der «eigentlichen Handlung» steht also unglückliche Liebe, am Ende eine in ihrem Glück bedrohte Ehe, und dem entspricht, daß keiner der von der Daphne- und der Perseus-Episode gerahmten Mythen im erotischen Bereich etwas Erfreuliches zu berichten hat. Mehrfach wird uns davon erzählt, wie Götter, wenn sie sexuelles Verlangen nach einer Sterblichen haben, durch Gewalt die Erfüllung ihres Wunsches zu erreichen versuchen und wie das auch immer wieder gelingt. Nicht anders ist es dann auch im «Finale» der ersten Pentade, in der die vorausgehenden Verwandlungssagen motivisch rekapituliert werden (5.250–678): Im Zentrum dieser *mise en abyme* steht die Geschichte vom Raub der Proserpina durch Pluto, den Gott der Unterwelt.

Buch I

1–4	Proöm
5–88	Kosmogonie
89–150	Die vier Weltzeitalter
151–162	Gigantomachie
163–252	Götterrat
211–239	*Erzähler Jupiter:* Lykaon
253–415	Die Große Flut; Deukalion und Pyrrha
416–451	Python
452–567	Apollo und Daphne
568–746	Jupiter und Io
689–712	*Erzähler Merkur:* Pan und Syrinx
747–779	Phaëthon (–2.400)

Die in den *Metamorphosen* zu uns sprechende Figur des Erzählers, die wir im folgenden der Einfachheit halber Ovid nennen wollen, beschreibt die Entstehung der Welt als das Resultat der Tätigkeit eines Schöpfers. Das planvolle Vorgehen dieses (namentlich nicht genannten) Gottes – er beginnt mit der Scheidung der vier Elemente Erde, Meer, dichte Luft und klarer Himmel und gestaltet diese dann einzeln aus – erinnert an die Arbeit eines Künstlers. Schon hier also kann man beim Lesen zwischen den Zeilen implizite Reflexion über Poetik (von griech. *poieîn*, «machen») entdecken, und das wiederholt sich dann vor allem in den Mythen, die über herausragende Persönlichkeiten im Bereich des Erzählens, Singens und der bildenden Kunst berichten. Eine von ihnen ist die am Anfang der zweiten Pentade auftretende Weberin Arachne, von der es heißt, sie habe «rohe Wolle zu ... Kugeln geballt» (6.19), und das evoziert eine Formulierung Ovids bei seiner Beschreibung der Kosmogonie: Der Schöpfer habe die Erde, die Teil des Chaos, einer «rohen und ungeordneten Masse» (1.7), gewesen sei, «zur Gestalt einer großen Kugel geballt» (1.35).

Vom Chaos zum Kosmos hat nach Auffassung der augusteischen Dichter auch Oktavian-Augustus das römische Reich geführt, indem er durch seinen Sieg über M. Antonius die Bürgerkriege beendete und eine Friedensordnung schuf. Von seinem Wirken ist ja auch am Ende der *Metamorphosen* die Rede, so daß man die gesamte von Ovid erzählte Weltgeschichte als eine Entwicklung vom Chaos zum Kosmos lesen kann. Freilich wird bereits zu Beginn des Werkes der gerade geschaffene Kosmos wieder zerstört: Die Menschen degenerieren moralisch während der Abfolge der vier Weltzeitalter, Giganten bedrohen die Himmelsordnung, und als Jupiter auf die Kunde von den schlechten Sitten der Menschen einmal in Gestalt eines Sterblichen auf Erden weilt, versucht der Tyrann Lykaon, ihn zu ermorden, weshalb er diesen in einen Wolf verwandelt. Davon berichtet Jupiter in einer Götterversammlung, in der man sich einig ist, daß die Menschheit insgesamt bestraft werden muß, worauf dann die Große Flut folgt. Der oberste Gott ist also der erste namentlich genannte Unsterbliche, der in den *Metamorphosen* in Aktion tritt, und zugleich der erste interne Erzähler. Außerdem stellt Ovid einen Bezug zwischen Jupiter und Augustus her: Er vergleicht die Empörung der Götter über den Frevel des Lykaon mit derjenigen, die das Menschengeschlecht ergriffen habe, nachdem eine ruchlose Schar versucht hatte, durch Vergießen von Caesarenblut den römischen Namen auszulöschen. Dann redet er den Prinzeps direkt an (1.204 f.):

Nicht weniger willkommen ist dir, Augustus, die Liebe der Deinen,
als jene dem Jupiter war.

Die kurze Verbeugung vor dem Herrscher darf man, nachdem im Proöm der *Metamorphosen* kein prominenter Leser angesprochen worden war, als implizite Widmung des Werks an Augustus auffassen. Da er hier mit Jupiter verglichen wird, werden die Zeitgenossen auch dann an ihn gedacht haben, wenn sie lasen, daß Jupiter mit seinem Beschluß, die Sterblichen erst einmal zu vernichten, das Versprechen verband, es werde ein neues, dem früheren unähnliches Menschengeschlecht entstehen (1.251 f.).

In den Augen der Parteigänger des Augustus wurde die Voraussetzung für ein neues Zeitalter der Römer in der Schlacht bei Aktium (31 v. Chr.) geschaffen, und da die Sage ging, Apollo habe dem späteren Prinzeps zum Sieg verholfen, ist es wohl kein Zufall, daß dieser Gott in den *Metamorphosen* eine wichtige Rolle bei der Regeneration der von der Großen Flut heimgesuchten Erde spielt. Nachdem Ovid ausführlich über die Katastrophe berichtet und geschildert hat, wie das Ehepaar Deukalion und Pyrrha, das überleben durfte, auf göttliche Weisung Steine hinter sich wirft und so die Genese des neuen Menschengeschlechts aus den «Gebeinen der Erde» initiiert, bringt die Allmutter alle übrigen Lebewesen aus sich selber hervor. Dabei entsteht auch der riesige Pythondrachen als Schrecken der neuen Völker, und ihn tötet nun Apollo mit seinen Pfeilen. Danach wird er selbst von einem Pfeil getroffen. Das lesen wir in der ersten, auf die «Urgeschichte» folgenden Episode, der Sage von Apollo und Daphne. Da sie als Auftakt sowohl zur «eigentlichen Handlung» als auch zur Serie der erotischen Erzählungen programmatischen Charakter hat, soll sie die erste von insgesamt drei Verwandlungsmythen sein, die ich exemplarisch betrachten möchte.

Apollo und Daphne

Sieht man davon ab, daß Ovid bereits in der «Prähistorie» seiner mythischen Weltgeschichte immer wieder geistreich und amüsant mit den von ihm berichteten Ereignissen spielt, dann darf man sagen: Das Geschehen von der Kosmogonie bis zur Tötung des Python durch Apollo liest sich wie der Anfang eines historischen Epos. Ein typisch episches Motiv entdeckt man dann auch gleich zu Beginn der Daphne-Geschichte: Zorn einer Gottheit. Hier zürnt aber nicht Poseidon wie in der *Odyssee* oder Juno wie in der *Aeneis*, sondern Amor, der noch ein Knabe ist: Als er gerade zu einem Pfeilschuß ansetzt, erklärt Apollo, der sich kurz zuvor als Bogenschütze hervorgetan hat, dem Liebesgott, nicht diesem, sondern ihm als Drachentöter stünden «männliche» Waffen zu. Zur Strafe für seinen Hochmut trifft Amor ihn mit einem vergoldeten, spitzen Pfeil, der in ihm Liebe zu Daphne weckt, die Nymphe dagegen mit einem bleiernen, stumpfen, der die gegenteilige Reaktion auslöst: Daphne bittet ihren Vater, den Flußgott Penëus, der wünscht, daß sie heiratet, ihr ewige Virginität zu gewähren. Penëus stimmt zu, und deshalb muß die Liebe Apollos zu ihr vergeblich bleiben. Der Gott bittet zwar sogar in dem Moment, als sie vor ihm davonläuft, in einer langen Werberede um ihre Gunst, aber die Nymphe erhört ihn nicht. Als sie daraufhin von ihm vergewaltigt zu werden droht, erreicht Daphne von ihrem Vater, daß er sie in einen Lorbeerbaum verwandelt. Dieser ist künftig eng mit dem Kult Apollos verbunden und steht außerdem am Haus des Augustus vor dem Eingang.

Was mit einem epischen Motiv begann, hat sich rasch zu einer erotischen Geschichte entwickelt. Der Geschehensverlauf erinnert deutlich an denjenigen von Ovids Gedicht *Amores* 1.1: Dort setzt der Dichter zum Verfassen eines Epos an, wird aber von Amor zum Elegiker gemacht, hier verwandelt der Liebesgott einen Drachentöter, also den Helden eines Textes, der bisher ein stark episches Gepräge aufwies, in einen elegisch Verliebten. Als solcher zeigt sich Apollo vor allem in der Werberede, mit der er sein Ziel nicht erreicht. Seine flehenden Worte evozieren die wirkungslose nächtliche Serenade des Ich-Sprechers einer erotischen Elegie vor der Tür der Geliebten. Außerdem gleicht der werbende Gott dem Alter ego der Gedichte des Properz, Tibull und Ovid darin, daß er durch seine Worte ein wenig komisch erscheint. So versucht er es am Anfang noch mit einem Appell an die Vernunft der Geliebten, aus dem man den Eindruck gewinnt, er habe die *Ars amatoria* gelesen. Dort empfiehlt Ovid, der Liebende solle mit der von ihm begehrten Frau Kompromisse schließen. Diesen hier schlägt Apollo der Nymphe vor (510 f.):

«Langsamer, ich bitte dich,
laufe und hemme die Flucht: Langsamer will auch ich verfolgen.»

Anschließend preist er sich Daphne als Liebhaber an, indem er einige der ihm geweihten Kultorte aufzählt, Jupiter als seinen Vater nennt und seine Fähigkeiten als Sänger, Bogenschütze und Erfinder der Heilkunst hervorhebt. Dabei spricht er notgedrungen mehrfach von sich in der ersten Person, und das dürfte zeitgenössische Leser amüsiert haben. Denn was er hier sagt, findet sich sonst in einem an eine Gottheit gerichteten Gebet, in dem der Redende im Anschluß an die Formel «Du, der du ...» mehrfach die zweite Person Singular des Personalpronomens verwendet. Die Forschung bezeichnet das als «Du-Stil», und daraus macht nun der verliebte Gott einen «Ich-Stil».

Auf einmal ist der Drachentöter, der als solcher den Schutzgott Oktavians bei Aktium assoziieren läßt, zur lächerlichen Figur geworden. Immerhin verhält er sich noch insoweit «augusteisch», als er, wie aus V. 490 hervorgeht, die Ehe mit Daphne wünscht. Denn der Prinzeps erließ im Jahre 18 v. Chr. ein Gesetz, das die Angehörigen der oberen Stände Roms zum Heiraten nötigte, indem es ihnen für den Fall der Eheverweigerung erbrechtliche Sanktionen androhte. Und da Daphne mit ihrer Entscheidung zum Zölibat gegen dieses Gesetz verstößt, handelt Apollo, wenn er dennoch um sie wirbt, im Sinne des Augustus. Allerdings kennt sich die Nymphe offenbar ebenfalls mit juristischen Problemen aus. Sie beruft sich, als Penëus sie zum Heiraten aufgefordert hat, mit ihrer Absage auf einen Präzedenzfall (486 f.):

> «Gib mir, liebster Vater, daß ich mich immerwährender
> Jungfräulichkeit erfreue. Dies gewährte der Vater zuvor der Diana.»

Damit zitiert sie ganz wörtlich einen Vers aus dem Artemis-Hymnos des Kallimachos, in dem diese zu Zeus sagt (6):

> «Gib mir, Väterchen, daß ich ewig die Jungfräulichkeit bewahre!»

Daphne versteht sich aber nicht nur auf die Kunst der Intertextualität, sondern weiß offenbar, daß Augustus, als er sein Ehegesetz im Senat einbrachte, sich ebenfalls auf einen Präzedenzfall berief: Er ließ die im Jahre 131 v. Chr. gehaltene Rede des Zensors Q. Metellus *Über die Vermehrung der Nachkommenschaft* verlesen. Es scheint nur zu verständlich, daß der gesetzestreue Penëus sich geschlagen gibt.

War das komplexe Spiel mit Gattungen, Texten und Institutionen, soweit es auf die Politik des Augustus Bezug nimmt, vielleicht dazu geeignet, den Unwillen des Herrschers zu erregen? Ausschließen kann man das natürlich nicht. Aber im Kontext eines Mythos, den Ovid lediglich neu erzählte, wirkt das doch alles eher harmlos. Der Dichter muß sich von vornherein sicher gewesen sein, daß er mit wohlwollender Aufnahme durch die Angehörigen der römischen Oberschicht rechnen konnte. Denn sie besaßen einzig die Bildungsvoraussetzungen für eine adäquate Würdigung seiner Form von Poesie. Wenn er derart hohe Ansprüche an das Funktionieren ihres literarischen Gedächtnisses stellte, dürfte er davon ausgegangen sein, daß sie sich gerne in diesem Bereich gefordert sahen und das Erkennen von subtiler Intertextualität als besonders angenehme Form der geistigen Unterhaltung empfanden. Zu ihnen gehörte aber ja auch Augustus, und diesem potentiellen Leser brachte Ovid noch dazu eine spezielle Huldigung dar: Er verband das Erzählen der Sage von der Entstehung des Lorbeerbaums mit der ausdrücklichen Erwähnung eines berühmten Exemplars dieser Pflanze, der *laurea* vor dem Haus des Prinzeps in Rom auf dem Palatin. Sie bewache, so lesen wir, die «augusteischen Türpfosten» (562), und damit bezieht er den Kaiser zum zweiten Mal in die Welt seiner *Metamorphosen* ein. Was sollte dieser dagegen einzuwenden gehabt haben?

Nun noch ein Wort zu dem Lorbeerbaum als Ergebnis einer Metamorphose. Dazu schreibt Ovid dies (549–556):

Die weiche Brust wird von dünnem Bast umschlossen,
zu Laub wachsen sich die Haare, zu Zweigen die Arme aus;
der Fuß, eben noch so schnell, haftet an zähen Wurzeln,
das Gesicht nimmt der Wipfel ein; es bleibt ihr einzig der Glanz.
Auch so liebt Phöbus sie. Er legt an den Stamm die Rechte
und fühlt die Brust noch unter der neuen Rinde beben.

Und umschlingend mit seinen Armen die Zweige wie Glieder,
gibt er Küsse dem Holz. Es flieht aber vor den Küssen das Holz.

Der Lorbeerbaum wird zur jedermann sichtbaren Metapher weiblicher Sprödigkeit. Analoges findet man öfters in den *Metamorphosen*; so verkörpert schon Jupiters potentieller Mörder Lykaon in seiner Erscheinung als Wolf (und in seinem Namen: von griech. *lýkos*, «Wolf») einen für das Tier als typisch geltenden Wesenszug, das brutale Töten. Aber Ovid macht das nicht zur Regel. Normen entzieht sich dieser mit allem und jedem sein Spiel treibende Dichter, bewahrt sie allenfalls dann, wenn sie von einer alten mythischen Tradition vorgegeben sind. Zu Bäumen zum Beispiel werden, obwohl das aufrechte Stehen, Laub und Zweige die Gestalt von Menschen beiderlei Geschlechts evozieren können, gemäß der Überlieferung nur weibliche Wesen, also Frauen sowie Männer, die nach antiker Auffassung nichts Viriles erkennen lassen (deshalb etwa auch Philemon, der greise Ehemann der Baukis: 8.714 ff.). Denn Bäume haben im Lateinischen weibliches Geschlecht.

In diesem Zusammenhang sei schließlich noch darauf verwiesen, daß für Ovids Zeitgenossen von mythischen Metamorphosen nur dann die Rede sein konnte, wenn eine menschliche Gestalt irreversibel verändert wurde (zu einer scheinbaren Ausnahme kommen wir gleich). Sterbliche können außer zu einer Pflanze und zu einem unbelebten Wesen – bei Ovid ist das fast immer ein Stein – zu einem Tier, zu einem Fabelwesen wie dem Meerungeheuer Skylla oder zu einem Menschen des jeweils anderen Geschlechts beziehungsweise einem Zwitter (Hermaphroditus: 4.276 ff.) werden. Zahlenmäßig überwiegen in den *Metamorphosen* die Transformationen von Menschen in Tiere, unter denen Vögel am häufigsten sind. Liegt das daran, daß sie als fliegende Lebewesen die ätiologische Phantasie besonders anregten? Jedenfalls sind Tiere, die vor allem im Wasser leben, im Panoptikum Ovids am wenigsten vertreten, und dies doch wohl, weil der antike Mensch sie sehr selten zu sehen bekam.

Soviel zum Daphne-Mythos und ersten Erkenntnissen, die man daraus für die Interpretation der *Metamorphosen* gewinnen kann. Als nächste Sage erzählt Ovid diejenige von Io, die Jupiter vergewaltigt und dann aus Angst vor der Überführung durch seine Gattin Juno in eine Kuh verwandelt. Sie allein erlebt eine Rückverwandlung, als sie, von Juno aus Argos verjagt und durch mehrere Länder getrieben, an den Nil gelangt. Aber da sie zur Göttin Isis wird, liegt im Grunde eine Apotheose (Vergöttlichung) vor. Der Vorgang leitet über zur Geschichte vom Weltenbrand: Epaphus, der Sohn der Isis, will dem Phaëthon nicht glauben, Phöbus, der Sonnengott, sei dessen Vater. Um diesen zu fragen, ob er es ist, begibt Phaëthon sich zu ihm. Damit endet das erste Buch, und im zweiten wird erzählt, wie der junge Mann, den Phöbus den Sonnenwagen lenken läßt, den Kosmos in ein Flammenmeer verwandelt.

Die Io-Geschichte beginnt als Variante zur Daphne-Geschichte, da wieder ein Gott ein Auge auf eine Sterbliche wirft; entsprechend dem Schema ABAB betritt nach Apollo und vor (dem wohl mit ihm gleichzusetzenden) Phöbus Jupiter zum zweiten Mal die Bühne. Jetzt aber kommt es, obwohl auch diese Frau davonläuft, zur Vergewaltigung. Als Io in eine Kuh verwandelt ist, läßt Juno sie von dem hundertäugigen Argus beaufsichtigen, um ihren Gatten an einem weiteren Seitensprung zu hindern. Doch Jupiter befiehlt Merkur, den Wächter zu töten, und dem Götterboten gelingt es, mit dem Aussehen eines Hirten und durch das Blasen einer Rohrflöte (griech. *sŷrinx*) das Vertrauen des Argus und diesen für ein längeres Gespräch zu gewinnen. Als der Hundertäugige fragt, wie es zur Erfindung der Rohrflöte gekommen sei, beginnt Merkur wie folgt zu erzählen (689–700a):

«In Arkadiens kühlem Gebirge
war unter den Baumnymphen von Nonakris am berühmtesten
eine Najade; die Nymphen nannten sie Syrinx.
Nicht nur einmal war sie den Satyrn, die ihr nachstellten, entschlüpft
und allen Göttern, die der schattige Wald und das fruchtbare Land
hegen. Die ortygische Göttin verehrte sie mit ihrem Tun
und durch Jungfräulichkeit. Nach Art der Diana hochgeschürzt
hätte sie täuschen und als Latonas Tochter gelten können, wenn nicht
aus Horn der Bogen ihr, jener aus Gold gewesen wäre.

Auch so täuschte sie oft. Als sie zurückkehrt vom lykäischen Hügel, sieht Pan sie, und, mit spitzen Fichtennadeln bekränzt das Haupt, sprach er solche Worte:»

Bis zu dieser Stelle zitiert Ovid die Erzählung Merkurs wörtlich, um dann nur noch zu paraphrasieren, wie die Sage weiterging: Pan wirbt um die Nymphe, sie aber flieht bis zum Fluß Ladon, bittet dort ihre Schwestern um Verwandlung, die auch erfolgt, so daß Pan, als er Syrinx zu greifen glaubt, Schilf in Händen hält und, weil dieses einen süßen Ton erzeugt, aus mehreren Schilfrohren mit Hilfe von Wachs die Syrinx zusammensetzt. Das alles braucht Merkur aber nicht mehr zu berichten, weil Argus an der Stelle, als der Gott Pans Werberede zitieren will, einschläft und Merkur ihn erschlagen kann. Warum entschlummert sein Zuhörer? Weil er wie der Leser, der bereits die Daphne-Geschichte kennt, den weiteren Verlauf der Syrinx-Geschichte vorauszuahnen vermag. Als selbstreflexiver Erzähler demonstriert Ovid auf ausgesprochen witzige Weise dies: In einer Serie von Geschichten kann die Wiederholung einer bestimmten Motivstruktur eine solche Langeweile bewirken, daß dem Zuhörer auch dann die Augen zufallen, wenn er hundert davon hat.

Buch 2

1–400	Phaëthon (+ Heliaden und Kyknus)
401–530	Jupiter und Kallisto
531–541	Rabe (A)
542–547	Apollo und Koronis (A)
547–595	*Erzählerin Krähe:* Krähe (550–88); Nyktimene (589–95)
596–630	Apollo und Koronis (B)
631 f.	Rabe (B)
633–675	Okyrhoë
676–707	Battus
708–832	Merkur und Herse; Aglauros [760–782: Invidia]
833–875	Jupiter und Europa

Das Nebeneinander von Daphne-, Io- und Syrinx-Mythos im zweiten Buch zeigt, daß Ovid auch seine Erzählweise und einzelne Motive «Metamorphosen» durchlaufen läßt. In Buch 2 setzt er diese Art von Spiel fort. Wie in dem großen Geschehensblock 1.5–451 beschreibt er in der 400 Verse umfassenden Phaëthon-Geschichte erst wieder den Kosmos, erzählt dann, wie dieser sich erneut in ein Chaos verwandelt, um gleich darauf wiederhergestellt zu werden, und berichtet in direktem Anschluß daran von der Liebesaffäre eines Gottes mit einer Sterblichen. Aber alle Motive sind kunstvoll variiert. Den Kosmos sehen wir diesmal auf den Türflügeln am Eingang zum Palast des Sonnengottes abgebildet, und der «Schöpfer» ist jetzt ein echter Künstler: der Gott Vulkan (2.1–18). Zum Chaos kommt es nicht durch Wasser, sondern durch den Weltenbrand, den Phaëthon verursacht, weil er beim Lenken des Wagens die Kontrolle über die Sonnenpferde verliert und das Gespann dadurch, daß es Himmel und Erde zu nahe kommt, das große Feuer entfacht. Um die totale Vernichtung der Welt zu verhindern, schleudert Jupiter einen Blitz, der den Sonnenwagen zertrümmert und Phaëthon auf die Erde herabwirft. Der oberste Gott betätigt sich auch weiterhin als verantwortungsvoller Weltherrscher, verbindet damit aber «private» Interessen (2.401–410):

Doch der allmächtige Vater umschreitet die riesigen Mauern des
Himmels und erkundet, ob nichts, ins Wanken gebracht durch die Kräfte des Feuers,
einzustürzen droht. Nachdem er gesehen hat, daß alles fest
und in alter Stärke ist, überblickt er die Erde und die Mühsal
der Menschen. Besonders wichtig ist ihm freilich die Fürsorge für
sein Arkadien. Die Quellen und die noch nicht zu strömen wagenden
Flüsse stellt er wieder her, gibt der Erde Gräser, Laub
den Bäumen und befiehlt den versehrten Wäldern, wieder zu grünen.
Während er häufig hin- und herging, heftete er den Blick auf ein
arkadisches Mädchen und fing Feuer, das tief im Mark brannte.

Das ist typisch Ovid: Ein Feuerwehrmann fängt Feuer, und so wird auch ein einzelnes Wort (lat. *ignis*), indem der Dichter es zunächst in der eigentlichen und dann in übertragener Bedeutung gebraucht, regelrecht verwandelt. Den Namen der Frau, für die Jupiter entbrennt, nennt Ovid nicht, aber das ist auch nicht nötig. Denn sie ist, wie sogar Juno später eingesteht, sehr schön (474: *figura*), weshalb Ovids zeitgenössisches Publikum, das gut Griechisch konnte und den Mythos gewiß schon einmal gehört oder gelesen hatte, ganz einfach wußte, wer gemeint war: Kallisto (von griech. *kállistos*, «sehr schön»). Wie Daphne hat sie sich in Dianas Diensten der Jungfräulichkeit und der Jagd verschrieben, und deshalb nimmt Jupiter die Gestalt der Göttin an, um Kallistos Vertrauen zu gewinnen und sie vergewaltigen zu können. Das mag man ebenfalls eine Verwandlung nennen, aber sie ist nicht von Dauer. Ovid schreibt, Jupiter habe Gestalt und Tracht Dianas «angelegt» (425: *induitur*), sich also gewissermaßen verkleidet. So etwas kannten die Zeitgenossen ansonsten aus Komödien, in denen eine Figur sich äußerlich unkenntlich macht, um andere durch die neue Erscheinung zu täuschen, und in einer von ihnen greift auch Jupiter zu diesem Mittel: im *Amphithruo* des Plautus (um 240–184 v. Chr.), wo der Gott in Gestalt des Mannes der Alkmene mit ihr den Herkules zeugt. Das mag ja noch komisch sein, aber fanden Ovids römische Leser es auch amüsant, daß Jupiter die Kallisto so ausgesprochen heimtückisch täuscht, um sie dann zu vergewaltigen?

Immerhin verrät der Autor der *Metamorphosen* in der Rolle des empathischen Erzählers während seiner Schilderung der Handlungsweise Jupiters ein gewisses Mitgefühl für dessen Opfer. So ruft er angesichts der Tatsache, daß Kallisto sich, soweit sie es als Frau vermag, gegen die sexuelle Attacke des Gottes zur Wehr setzt: «Wenn du das doch mitansähest, Saturnia, du wärest milder!» (2.435) Damit verweist er implizit darauf, daß Juno, um Jupiter von einer weiteren Affäre mit Kallisto abzuhalten sowie die «Rivalin» zu bestrafen, diese in eine Bärin verwandeln wird, und läßt erkennen, er empfinde eine derartige Racheaktion als zu hart. Das bedeutet aber nicht, daß Ovid die Vergewaltigung als solche verurteilt oder sich gar in die Seele der Frau versetzt. Die römische Ordnung für das

Miteinander der beiden Geschlechter wies dem Mann die aktive, beherrschende und der Frau die passive, untergeordnete Rolle zu und duldete daher durchaus, daß die Frau zum Koitus gezwungen wurde; gesetzwidrig war lediglich, wenn bei einer Vergewaltigung insofern gegen Besitzrecht verstoßen wurde, als das Opfer Tochter, Gattin oder Witwe eines freien Mannes war. An einen solchen Fall dachte aber zu Ovids Zeiten wohl niemand, der einen der Mythen von sexuellen Affären der Götter mit sterblichen Frauen las. Was hier erzählt wird, konnte sogar als ein erotisch stimulierender Vorgang rezipiert werden. Mag modernes Empfinden auch schwerlich bereit sein, dies nachzuvollziehen, so müssen wir doch einfach zur Kenntnis nehmen: Ovid gestattet seinem Erzähler-Ich mehrfach, Vergewaltigungen mit voyeuristischem Behagen zu schildern.

Als Kallisto in ihrer Bärengestalt 15 Jahre nach der Verwandlung ihrem von Jupiter gezeugten Sohn Arkas begegnet und von ihm getötet zu werden droht, versetzt der Gott die beiden als die Sternbilder des Großen und Kleinen Bären an den Himmel. Von Juno, die sich anschließend zu Okeanus und seiner Gattin Tethys begibt und erwirkt, daß Kallisto als Gestirn nicht im Meer baden darf (der Große Bär geht bekanntlich nicht unter), leitet Ovid mit Blick auf das Gefieder der Pfauen, die Junos Wagen ziehen, zu den Flügeln des Raben über. Er will nun erklären, warum diese, einst weiß, jetzt schwarz sind, und damit beginnt erstmals in den *Metamorphosen* eine Gruppe von Geschichten, die mehrfach ineinander verschachtelt sind. Zuerst wird der Mythos von der Liebe Apollos zu Koronis angefangen und dann erzählt, wie der dem Gott heilige Rabe zu ihm fliegt, um ihm einen Treuebruch der Frau zu melden; dabei begegnet er der geschwätzigen Krähe und erfährt von ihr, auf welche Weise sie, die einstige Königstochter, zu ihrer Vogelgestalt kam und warum Nyktimene in eine Eule verwandelt wurde; danach erzählt Ovid die Koronis-Geschichte zu Ende und sagt erst ganz am Schluß, Apollo habe den Raben, statt ihn für seine Meldung zu belohnen, aus dem Kreis der weißen Vögel ausgeschlossen. Wer etwas verrät, das dem, der es hört, nicht gefällt, oder trotz Verbot auf Verborgenes blickt, macht sich nicht beliebt, und das müssen in Buch 2 außer dem Raben und der Krähe noch drei weitere Figuren Ovids erfahren: Okyrhoë, Battus und Aglauros. Sie alle gehören zum Typ des *index* (Anzeiger), der auch in späteren Büchern gelegentlich auftritt.

Im Kontext der *index*-Geschichten des zweiten Buches paßt es gut, daß Ovid die Göttin Invidia (Mißgunst) beschreibt und agieren läßt. Sie ist die erste in einer kleinen Gruppe von Personifikationen, die, seit eh und je fest in die Schar der Unsterblichen im griechisch-römischen Mythos integriert, dem Leser vom Verfasser der *Metamorphosen* besonders anschaulich vor Augen gestellt werden; außer Invidia agieren bei ihm Fames (Hunger), Somnus (Schlaf) und Fama (Gerücht). Ovid liebt es sichtlich, die Grenze zwischen dem Begriff, der personifiziert wird, und seiner Verkörperung zu verwischen, um dadurch amüsante sprachliche und erzählerische Effekte zu erzielen. So berichtet er zum Beispiel, Gott Schlaf sei von der Götterbotin Iris, die Juno zu ihm geschickt hat, im Bett angetroffen worden und habe, nach dem Öffnen der Augen immer wieder einnikkend, «schließlich sich selbst von sich» abschütteln müssen (11.621). Auch Invidia empfindet das, was sie verkörpert, sehr stark, weshalb es einmal mit der im Deutschen nicht nachzuahmenden Prägnanz des Lateinischen von ihr heißt: *vixque tenet lacrimas, quia nil lacrimabile cernit* (2.796: «Kaum hält sie die Tränen zurück, weil sie nichts Beweinenswertes erblickt»). Man beachte die Häufung des Buchstabens ‹i› im Originaltext, die das Gesagte klanglich untermalt: Wer will, kann hier schrille Laute der Artikulation von Mißmut und Mißgunst mithören.

Wie den *index*-Mythen eine Geschichte über einen Seitensprung Jupiters vorangestellt ist, so folgt ihnen auch eine solche, die zugleich das Buch abschließt: der Mythos von Europa, die der Göttervater in Gestalt eines Stiers entführt. Ovids Version der Sage eignet sich besonders gut dazu, exemplarisch zu zeigen, daß dieser Dichter eines Hexameteropus, wenn er von den Unsterblichen erzählt, wesentlich konsequenter vermenschlicht als seine beiden wichtigsten Vorgänger im Bereich des

Epos, Homer und Vergil. Speziell in der *Aeneis* wird bei der Charakterisierung der Götter durch anthropomorphe Züge niemals die Würde ihrer übermenschlichen Divinität überdeckt, wobei Jupiters Erhabenheit am allerwenigsten eingeschränkt ist. Ovid dagegen schreibt über Allvater, der ein Auge auf Europa geworfen hat (2.846–851):

Nicht gut vertragen sich und nicht wohnen beisammen
Herrscherwürde und Liebe. Des Szepters Gewicht zurücklassend,
legt er, der Vater und Lenker der Götter, dem die Rechte mit dem dreizackigen
Blitz bewaffnet ist, der durch sein Nicken den Erdkreis erschüttert,
die Gestalt eines Stiers an, mischt sich unter die Rinder,
muht und spaziert in seiner Schönheit auf den zarten Gräsern herum.

Es ist schon lächerlich genug, daß der Himmelsherrscher mit den Rindern muht, zumal er sich ja im Zusammenhang mit einem anderen erotischen Abenteuer gezwungen gesehen hatte, die von ihm gerade vergewaltigte Frau in eine Kuh zu verwandeln. Aber dieser Jupiter ist – man muß es wohl so drastisch formulieren – von Geilheit besessen, wie auch Ovid unter Wahrung der ihm durch die Gattung auferlegten Dezenz zu verstehen gibt; er sagt über die Reaktion des Gottes in Stiergestalt darauf, daß Europa ihm Blumen ans Maul hält (862 f.):

Da freut sich der Verliebte, und in Erwartung der erhofften Lust
gibt er Küsse ihren Händen; kaum, ja kaum kann er das Weitere aufschieben.

Bei dem satirischen Schriftsteller Lukian von Samosata (um 120–nach 180) befürchten die Götter einmal, ihr Herrscher könne, wenn er als Stier auf Erden wandle, geschlachtet werden (*Götterversammlung* 7). Ovid geht noch nicht so weit, sich Jupiter als potentielles Hackfleisch vorzustellen, aber an eine Satire über Schein und Sein im Verhalten von Würdenträgern erinnert seine Fassung der Europa-Sage durchaus. Er spielt eben gern, und das kann auch Spott implizieren.

Buch 3

1–130	Kadmus
131–252	Aktäon und Diana
253–315	Jupiter und Semele
316–338	Tiresias
339–510	Narziß und Echo
511–733	Pentheus
577–691	*Erzähler Akötes:* Tyrrhenische Schiffer

Die Kallisto-Geschichte in Buch 2 enthält ein Motiv, das hier zum ersten Mal besonders stark zur Geltung kommt: Eine Gottheit fügt einem Sterblichen aus Zorn über dessen Verhalten schwere Strafe zu. Im dritten Buch und in V. 1–603 des vierten behandelt Ovid dieses Thema, das auch in späteren Episoden der mythischen Weltgeschichte immer wieder auftaucht, besonders häufig, wobei er als Bestrafte die Angehörigen einer Herrscherdynastie auftreten läßt. Es ist das von Kadmus, dem Bruder der Europa, begründete thebanische Königshaus, dessen Schicksal wir über eindreiviertel Bücher verfolgen. Der Geschehensblock ist zudem der erste, in welchem die Gestalt eines Heroen teils im Zentrum, teils im Hintergrund einer Reihe von Mythen steht. In der Götterpentade wiederholt sich das am Ende des vierten und in der ersten Hälfte des zweiten Buches mit Perseus, und in der Heroenpentade werden Theseus im siebten und achten, Herkules im neunten und Orpheus im zehnten Buch nicht nur selbst agieren, sondern auch längeren Abschnitten das Gepräge geben. Mit diesem Strukturprinzip, das freilich nicht mehr als ein Grobraster liefert, lehnt Ovid sich vermutlich an historische Darstellungen an, deren Chronologie im mythisch-frühgeschichtlichen Abschnitt an der Abfolge der Heroengeschlechter orientiert war. Buch 3, das jetzt zu betrachten ist, bildet aber auch ohne seine durch die Genealogie ermöglichte Verbindung mit dem Abschnitt 4.1–603 eine Einheit: Hier finden wir als eine Art Leitmotiv «Verbotenes Sehen und seine negativen Folgen».

Kadmus ist der erste, der etwas erblickt, wovor er die Augen verschließen sollte. Auf der Suche nach seiner Schwester Europa nach Böotien gekommen, muß er, bevor er Theben gründen kann, eine riesige Schlange töten, und als er das verendete Tier betrachtet, verkündet ihm eine Stimme, auch ihn werde man einmal als Schlange sehen (3.95–98). Diese Metamorphose muß er aber erst am Ende seiner Tage erleben (4.563–603). Sein Enkel Aktäon dagegen wird, als er, mit Jagdhunden einen Wald durchstreifend, unversehens die in einer Grotte badende Göttin Diana sieht, von ihr auf der Stelle in einen Hirsch verwandelt. Die Bestrafung erweist sich als besonders grausam, weil Aktäon gleich darauf in seiner neuen Gestalt von den eigenen Hunden zerrissen wird. Dennoch hat Ovid es sich nicht nehmen lassen, auch in diese Geschichte komische Elemente einzubringen. So wirkt es amüsant, daß er Namen, Herkunft und Fähigkeiten der Hunde in einem langen Katalog aufzählt (3.206–225). Denn ein solcher verzeichnet in epischen Texten normalerweise Götter oder Heroen. In den Katalog baut der Dichter überdies eine witzige Anspielung auf den in durchaus erhabenem Ton gehaltenen Anfang von Vergils siebtem Hirtengedicht ein; dieser lautet (1–4):

Zufällig hatte sich unter eine tönende Steineiche Daphnis gesetzt,
und geführt hatten ihre Herden Korydon und Thyrsis zum selben Ort,
Thyrsis die Schafe, Korydon von Milch geschwellte Ziegen,
beide blühend in ihrer Jugend, <u>Arkader beide</u> ...

Daran erinnert Ovid geradezu frech wie folgt (3.206–210):

Als erste gaben Schwarzfuß
und der scharf witternde Spürnase bellend Laut,
ein Kreter Spürnase, von spartanischem Geschlecht Schwarzfuß.
Dann stürmen andere herbei, schneller als ein reißender Wind,
Allesfresser und Scharfauge und Bergsteiger, <u>Arkader alle</u> ...

Von Aktäon geht der Dichter über zu Kadmus' Tochter Semele, die, nachdem Jupiter sie geschwängert hat, durch die als alte

Frau zu ihr sprechende Juno dazu überredet wird, sich von ihrem Liebhaber folgendes zu wünschen: Er soll, um zu belegen, daß er wirklich der oberste Gott ist, sich einmal in derselben Weise wie mit Juno mit ihr in Liebe vereinen. Damit ist allerdings stets ein gewaltiges Donnerwetter verbunden, und obwohl Jupiter für Semele extra einen leichteren Blitz auswählt, verbrennt die junge Frau. Da Ovid sich mit dieser Geschichte in den Schlafzimmerbereich begeben hat, kann er anschließend erzählen, wie Jupiter Juno gegenüber behauptet, die Frauen empfänden im Bett größere Lust als die Männer. Die Göttin bestreitet dies, ein Experte muß befragt werden, und so trifft es sich gut, daß der Thebaner Tiresias bestens Bescheid weiß, weil er vorübergehend in eine Frau verwandelt war; er hatte einmal zwei sich paarende Schlangen gesehen und mit einem Stock geschlagen, mußte deshalb zur Frau werden, bekam aber nach sieben Jahren sein männliches Geschlecht zurück, weil er die Schlangen wiedersah und erneut schlug. Als er nun Jupiter recht gibt, straft Juno ihn mit Blindheit, doch Jupiter entschädigt ihn, indem er ihm die Fähigkeit verleiht, in die Zukunft zu blikken und sie vorauszusagen. Dieses Aition ist sehr eng verbunden mit der berühmtesten Geschichte des thebanischen Sagenkreises, in der das Sehen von Verborgenem, das besser im dunkeln bliebe, eine wichtige Rolle spielt: der Tragödie von Ödipus, welcher sich, als er erkennen muß, daß er seinen Vater getötet und mit seiner Mutter geschlafen hat, die Augen aussticht.

Da in dem *König Ödipus* des Sophokles (497/96–406/05 v. Chr.) Tiresias dem Herrscher zu Anfang eröffnet, dieser sei sehenden Auges blind für die Wahrheit, darf man erwarten, Ovid werde an die ätiologische Erklärung für die Blindheit und die Sehergabe des Tiresias den Ödipus-Mythos anschließen. Der Prophet tritt dann auch tatsächlich in Aktion, aber er weissagt nicht dem König, sondern Liriope, der Mutter des Narziß, die Tiresias befragt, ob ihr Sohn ein hohes Alter erreichen werde. Die Antwort lautet: «Wenn er sich nicht selbst erkennt» (3.348). Gemeint ist, daß der Jüngling sterben muß, wenn er sich in sein Spiegelbild verliebt, und der gern mit Worten spielende Dichter will offensichtlich, daß wir die (auch im Lateinischen vorhandene) Bedeutung von «erkennen» mithören, die das Verb in dem berühmten Satz «Und Adam erkannte sein Weib Eva» hat. Denn in diesem Sinne möchte Narziß den Knaben, den er im Spiegelbild sieht, «erkennen», aber ihm wird durchaus klar, daß der Knabe er selbst ist, und weil er dennoch an seiner unerfüllbaren Liebe festhält, schwindet er schließlich dahin. Ovid hat seine Version des Mythos, den wir schon in anderem Zusammenhang betrachtet haben (S. 20 f.), erheblich bereichert, indem er Narziß zum Objekt der Liebe einer Nymphe namens Echo macht. Diese kann, von Juno für ihre Geschwätzigkeit mit Einschränkung der Sprechfähigkeit bestraft, nur Laute am Ende von Aussprüchen anderer wiederholen und gehörte Worte erwidern. Da auch ihr Lieben vergeblich ist, schwindet sie ebenfalls dahin und existiert nur noch als Klang. Ovid parallelisiert also auf der mythischen Ebene in subtiler Weise visuelles und akustisches Reflektieren.

Statt einer Bearbeitung des Sophokleischen *König Ödipus* bietet der Dichter der *Metamorphosen* uns in Buch 3 seine Version eines zum thebanischen Sagenkreis gehörenden Mythos, den Euripides in seinen *Bakchen* dramatisiert hat: die Geschichte von Pentheus, die Ovid sehr effektvoll am Ende des Buches plaziert. Auch diesen Thebaner – als Enkel des Kadmus ist er König der Stadt – warnt Tiresias davor, sich Verbotenes anzusehen. Dabei handelt es sich um die Mysterien des Bacchus, den durch Tempel zu ehren der Prophet dem Herrscher dringend rät. Pentheus aber befiehlt, den Weingott, als dieser mit seinem Gefolge in Theben einzieht und alles zu den bacchantischen Kulthandlungen eilt, gefangenzunehmen. Das gelingt nicht, aber man bringt dem König einen Mann namens Akötes, der ihm durch eine Geschichte die Macht des Gottes belegt: Bacchus wurde in Gestalt eines jungen Mannes – man ahnt, daß er auch mit Akötes identisch ist – von Tyrrheniern auf ihrem Schiff entführt, und weil sie ihr Versprechen, ihn nach Naxos zu bringen, nicht hielten, verwandelte er sie in Delphine. Das warnende Beispiel schreckt Pentheus nicht ab, er befiehlt die Folterung und Tötung des Akötes, die aber nicht erfolgen kann, weil sich dem Gefangenen die Tore von selbst öffnen und die Ketten von den Schultern gleiten. Da begibt sich der immer noch verstockte König auf den Berg Kithäron, wo die Frauen von Theben, unter ihnen seine Mutter Agaue, die Mysterien des Weingottes feiern. Als sie Pentheus, während er zusieht, erblicken, reißen sie ihm in ihrer bacchantischen Raserei die Glieder und den Kopf vom Leib. Mit Ovids Feststellung, die Frauen hätten nun die neuen Mysterien eifrig besucht und Weihrauch an Altären geopfert, endet Buch 3.

Buch 4

1–415	Minyaden
55–166	*Erzählerin (ungenannte Minyade)*: Pyramus und Thisbe
169–270	*Erzählerin Leukonoë*: Mars und Venus + Sol und Leukothoë
276–388	*Erzählerin Alkithoë*: Salmakis und Hermaphroditus
416–562	Athamas und Ino + Inos Gefährtinnen
563–603	Kadmus und Harmonia
604–803	Perseus und Andromeda (– 5.249)
793–803	*Erzähler Perseus*: Gorgo

Drei Thebanerinnen, so erfahren wir gleich zu Beginn des vierten Buches, verweigern Bacchus die Gefolgschaft. Es sind die Töchter des Minyas, die während eines Festes für den Weingott zu Hause bleiben, am Webstuhl sitzen und sich gegenseitig Geschichten erzählen. Wie bereits erwähnt, bittet Ovid im Proöm der *Metamorphosen* die Götter, sein «Gedicht» vom Ursprung der Welt bis in seine Zeit «herabzuführen» (*deducere*), und spielt durch die zweite Bedeutung von *deducere*, «(Fäden) spinnen», darauf an, daß Begriffe aus dem Bereich der Wollarbeit als Metaphern für das Erfinden und Erzählen von Geschichten verwendet werden können. Die Minyaden läßt er nun durch gleichzeitiges Spinnen und Fabulieren das mit den genannten Metaphern Gemeinte gewissermaßen verwirklichen.

Man kann geradezu sagen, daß die drei, indem sie während der Herstellung eines Gewebes, das auf lateinisch *textum* heißt, auch jeweils einen Text produzieren, das selbstreflexive Erzählen begründen.

Ausgerechnet der einen Minyade, deren Namen Ovid nicht nennt (ihre Schwestern heißen Leukonoë und Alkithoë), hat der Dichter eine Geschichte in den Mund gelegt, die zu einer der berühmtesten seines Hexameteropus werden sollte: den Mythos von Pyramus und Thisbe. Überall auf der Welt weiß man – wenn nicht direkt von Ovid, dann aus dem Rüpeldrama in Shakespeares *Sommernachtstraum* –, daß die beiden junge Liebende sind, welche, von den Eltern am Kontakt gehindert, durch eine kleine Ritze in der Wand der zwei Häuser, in denen sie nebeneinander wohnen, heimlich Liebesbekundungen austauschen. Die Szenerie evoziert zunächst einmal diejenige der hellenistischen und frührömischen Komödie, in der ebenfalls der verliebte Jüngling und die von ihm begehrte Frau Nachbarn sind. Dort gibt es wie in Ovids Geschichte anfangs Widerstände dagegen, daß beide zueinanderfinden, aber das Happy-End ist absehbar. Für Pyramus und Thisbe darf man aufgrund der Analogie auch ein solches erwarten, muß aber bedenken, daß der Dichter mit der Art, wie er die beiden kommunizieren läßt, auf die Elegie und damit auf das Thema «vergebliche Liebe» anspielt. Er verdoppelt nämlich die Situation des vor der Tür einer Frau liegenden und ihr klagend seine Liebe erklärenden jungen Mannes. Das ist gewiß komisch. Aber da die Minyade zu Anfang erklärt hat, sie wolle erzählen, wie die einst weiße Maulbeere, weil von Blut bespritzt, schwarz geworden sei, kann man mit Friede-Freude-Eierkuchen nicht unbedingt rechnen.

In dieser Geschichte führt dann auch eine schnelle Abfolge von tragischen Mißverständnissen zum Tod des Pyramus und der Thisbe. Auslöser ist der Beschluß der beiden, heimlich von zu Hause wegzugehen und bei einem Maulbeerbaum an einem Grabmal zusammenzutreffen. Thisbe gelangt eher als Pyramus zum verabredeten Ort. Hier aber muß sie sich vor einer Löwin, die gerade mit ihrem von frischem Blut besudelten Maul aus einer Quelle bei dem Grabmal Wasser säuft, in einer Höhle verstecken. Die junge Frau verliert, als sie dorthin flüchtet, ihren Mantel, der dann von dem Raubtier zerrissen und dabei mit Blut befleckt wird. Als schließlich auch Pyramus kommt, die Spuren der Löwin sieht und den Mantel findet, hält er Thisbe für tot, verkündet in einem Monolog, er wolle ebenfalls sterben, und stößt sich sein Schwert in die Brust. Das aus der Wunde aufspritzende Blut trifft den Maulbeerbaum, so daß dessen Früchte sich dunkel färben. Als Thisbe endlich erscheint und den sterbenden Geliebten sieht, tötet auch sie sich mit seiner Waffe, nachdem sie in einem Monolog den Wunsch geäußert hat, die Väter mögen sie zusammen mit Pyramus bestatten, und die Maulbeeren sollten ihre neue Farbe behalten; beides geht in Erfüllung. Ein tragisch verlaufendes Geschehen also, aber Ovid gibt auch hier mehrere Ironiesignale, sogar an der Stelle, als Pyramus sich sein Schwert in den Leib gestoßen hat und niedergestürzt ist (4.121–124):

Und er lag rücklings am Boden. Da schießt das Blut in die Höhe,
nicht anders als wenn ein Rohr, weil das Blei beschädigt ist,
aufplatzt und durch den feinen Riß zischend in langem Strahl
herausschleudert das Wasser und stoßweise die Luft durchbricht.

Der Vergleich wirkt in diesem Zusammenhang eher unpassend, aber Ovid wollte offenbar, daß seine zeitgenössischen Leser schmunzelnd daran dachten, wie häufig in Rom das Bersten eines Bleirohrs der Wasserleitung zu erleben war, und daß man dabei auch im eigenen Haus naßgespritzt wurde. Außerdem steht im Originaltext am Anfang von V. 124 das Verb *eiaculari*, was in der Antike schon dasselbe bedeuten konnte wie unser davon abgeleitetes Fremdlexem. Mit diesem Verb und anderen Wörtern spielt Ovid unverkennbar auf eine Passage in Lukrezens *Von der Natur der Dinge* an, wo der Epikureer den Vorgang des Samenergusses «wissenschaftlich» beschreibt und erklärt (4.1048–1056). Mit Recht formulierte daher Carole Newlands einmal: «Pyramus' manner of dying suggests a gigantic orgasm.»

Wie die Geschichte von Pyramus und Thisbe gehört auch der erste von zwei erotischen Mythen, den die zweite Schwester erzählt, zu den berühmtesten der antiken Literatur: der Schwank von dem Liebespaar Mars und Venus, das Vulkan, der von der Göttin gehörnte Ehemann, durch unsichtbar über dem Lotterbett angebrachte Fesseln fängt und dann vor den Unsterblichen (allerdings nur den männlichen) bloßstellt. Bekannt wurde dieser Mythos freilich in erster Linie durch die Fassung in Homers *Odyssee* (8.266–366), und Leukonoë erzählt ihn auch nur als Vorgeschichte zu der Sage von Leukothoë: Diese wird, weil der Sonnengott sie vergewaltigt hat, von ihrem Vater lebendig begraben, woraufhin Sol sie in den Weihrauchbaum verwandelt. Das ist innerhalb der ersten Pentade vor dem Finale in der zweiten Hälfte von Buch 5 die letzte Geschichte über eine erotische Affäre eines Gottes mit einer Sterblichen. Freilich wird in dem Mythos von Salmakis und Hermaphroditus, den die dritte Schwester vorträgt, nochmals das Thema «Vergewaltigung» variiert, und zudem ist es jetzt mit einem Geschlechtsrollentausch verbunden. Denn in dieser Geschichte übernimmt die Frau, also Salmakis, den männlichen Part. Sie ist eine Nymphe, die allein schon dadurch, daß sie es ablehnt, sich als Jägerin im Dienst der jungfräulichen Diana zu betätigen, und statt dessen eifrig Schönheitspflege betreibt, ihr aktives Interesse an Sex verrät. Als sie dann Hermaphroditus erblickt, den gerade fünfzehnjährigen Sohn des Merkur und der Venus, erklärt sie ihm ihre Liebe, und dabei «zitiert» sie bezeichnenderweise die Rede eines Mannes, noch dazu des Odysseus, der zu Nausikaa sagt (Hom. *Od.* 6.149 ff.):

«Ich flehe zu dir Herrin! Bist du ein Gott oder eine Sterbliche?
Wenn du ein Gott bist, wie sie den breiten Himmel bewohnen,
der Artemis will ich dich dann, der Tochter des großen Zeus,
an Aussehen, Größe und Wuchs am ehesten vergleichen.
Wenn du aber eine der Sterblichen bist, die auf Erden wohnen:
Dreimal selig seien dir dann Vater und hehre Mutter,
dreimal selig die Brüder ...»

Daraus macht Salmakis (320b–324):

«O Knabe, du verdienst es nur zu sehr, für einen
Gott gehalten zu werden! Bist du ein Gott, könntest du Cupido sein;
bist du ein Sterblicher, sind glückselig, die dich zeugten,
und dein Bruder glücklich und beglückt wahrhaftig deine
Schwester, wenn du eine hast, und die Amme, die dir die Brust gab.»

Amme und Brust fehlen bei Odysseus, dienen aber hier als gute Überleitung zu dem abschließenden Gedanken, der, im Homer-Text wiederum vorgegeben, von Salmakis anders als dort betont lasziv formuliert wird: daß am allerglücklichsten die Braut des Hermaphroditus sei, falls er eine hat, und daß, hat er keine, sie diese sein und mit ihm ins Brautgemach gehen möchte. Doch der Knabe weist sie ab. Daraufhin wartet sie in einem Versteck, bis er im durchsichtigen Wasser eines Teiches nackt badet, springt zu ihm in die Wellen, umschlingt den sich Sträubenden, so eng sie kann, und erreicht durch ein Gebet von den Göttern, daß sie für immer mit ihm vereint wird und ihn dadurch zum Zwitter macht.

Was die drei Minyaden sich da gegenseitig erzählen, ist sehr lesenswert, aber das schützt sie nicht vor Bestrafung durch Bacchus, dessen Fest sie bewußt fernbleiben: Er verwandelt sie in Fledermäuse. Diese Metamorphose führt den Dichter zurück zu dem zuletzt am Ende von Buch 3 verwendeten Motiv «göttliche Rache», doch jetzt ist es nicht mehr der Weingott, der sie vollstreckt, sondern er liefert den Anlaß. Denn Juno zürnt, weil er, der Sohn ihres Gatten Jupiter und der Semele, nun schon mehrere Strafen vollstrecken konnte, während sie, Juno, sich fragen muß, ob sie über nicht vergoltene Kränkungen nur weinen kann. Also nimmt sie sich die Grausamkeit der Rache des Bacchus an Pentheus zum Vorbild und wählt Ino, die Tochter des Kadmus, die den Weingott als Knaben in der Wiege aufgezogen hat, zusammen mit deren Mann Athamas als Opfer: Sie läßt die beiden Eheleute durch die aus der Unterwelt herbeigeholte Furie Tisiphone mit Wahnsinn schlagen, woraufhin Athamas einen seiner beiden Söhne mit Namen Learchus tötet und Ino sich zusammen mit Melikertes, dem anderen Sohn, ins Meer stürzt. Zwar endet diese Episode der

Metamorphosen damit, daß Venus sich Inos und des Melikertes erbarmt und Neptun dazu bewegt, die beiden zu Meergöttern zu machen, aber darüber kann man schwerlich das durch die vorausgehenden Szenen ausgelöste Entsetzen über göttliche Grausamkeit vergessen. Denn diese bewirkt, daß Athamas das Kleinkind Learchus von der Brust der Mutter reißt, während es lachend die Ärmchen nach ihm ausstreckt, zwei-, dreimal durch die Luft wirbelt und dann an einem Stein zerschmettert. Ja, dergleichen liest man bei Ovid gelegentlich auch.

Auf die Ino-Geschichte folgen in der «Theben-Tragödie» nur noch zwei wieder in der gewohnt spielerischen Form dargebotene Verwandlungsmythen: die Sage von der Metamorphose der Gefährtinnen Inos in Felsen und Vögel sowie diejenige von der Metamorphose des Kadmus und seiner Frau Harmonia in Schlangen. Über ihren Enkel Bacchus und König Akrisius, der zu den Verächtern des Weingottes gehört, leitet Ovid zu dessen Enkel Perseus über und beginnt damit eine Episode, die noch rund 200 Verse des vierten und weitere 249 Verse des fünften Buches umfaßt. Die Grenze zwischen den beiden Büchern zerlegt Ovids Version des Perseus-Mythos in eine Hälfte, die Ähnlichkeiten mit dem Irrfahrten-Teil der *Odyssee* und der *Aeneis* aufweist, und eine Hälfte, in welcher der Held wie Odysseus in *Od.* 13–24 und Äneas in *Aen.* 7-12 kämpfen muß, weil ihm seine Gattin streitig gemacht wird. Allerdings hat Perseus den beiden jüngeren Helden unter anderem voraus, daß er sich mit Hilfe von Flügelsohlen durch die Lüfte fortzubewegen vermag, und das nutzt Ovid in der ersten Hälfte natürlich ebenso für Situationskomik wie für die Schilderung eines «Tieffliegerangriffs» *avant la lettre*. Besonders amüsant ist die kurze Szene, in der Perseus, als er vom Himmel herab zum ersten Mal Andromeda erblickt, vor Begeisterung über ihre Schönheit beinahe vergißt, mit den Flügeln zu schlagen (4.676 f.). Da die ihn faszinierende Frau an einen Felsen gefesselt und von einem gewaltigen Meerungeheuer bedroht ist, muß Perseus dieses selbstverständlich bezwingen, und das gelingt ihm nun vor allem mit Hilfe seiner Fähigkeit, sich in der Luft zu bewegen.

Ovid beschreibt den ungewöhnlichen Kampf eines fliegenden mit einem schwimmenden Gegner so anschaulich, daß mancher moderne Leser sich unwillkürlich an verwandte Szenen in Science-Fiction-Filmen erinnert fühlen dürfte. Der Sieger hat die Hochzeit mit der geretteten Andromeda mehr als verdient, und während der Feier erzählt er, wie er Medusa das Haupt, dessen Anblick Mensch und Tier in Stein verwandelt, abzuschlagen vermochte. Es ist nun seine Waffe, die ihn wiederum gefährlicher macht, als Odysseus und Äneas es sind. Perseus wird die Waffe auch noch während des Hochzeitsfestes einsetzen müssen, aber davon erzählt erst Buch 5.

Buch 5

1–249	Perseus und Andromeda
250–678	Musen und Pieriden
[1] 250–268	Minerva kommt zu den Musen
[2] 269–293	*Erzählerin Muse:* Pyreneus
[1] 294–300a	Minerva staunt über Sprechfertigkeit der Elstern
[2] 300b–334	*Erzählerin Muse:* Wettstreit Musen/Pieriden (I)
[1] 335 f.	Minerva bittet um Bericht über das Musenlied
[2] 337–340	*Erzählerin Muse:* Wettstreit Musen/Pieriden (II)
[3] 341–661	*Erzählerin Kalliope:* Raub der Proserpina
[4] 577–641	*Erzählerin Arethusa:* Arethusa und Alphëus
[5] 599 f.	*Stimme Alphëus: «Wohin eilst du, Arethusa ...?»*
[2] 662–678	*Erzählerin Muse:* Wettstreit Musen/Pieriden (III)

Der erste Teil des fünften Buches enthält die eine von zwei längeren Kampfschilderungen der *Metamorphosen*: die Saalschlacht bei der Hochzeit des Perseus, mit der die andere Episode, der Kampf der Lapithen und Kentauren in Buch 12, gemeinsam hat, daß sie ebenfalls während einer Vermählungsfeier stattfindet. Strukturell und motivisch lehnt Ovid sich in beiden Episoden eng an das Vorbild entsprechender Szenen in Homers *Ilias* und Vergils *Aeneis* an: Er stellt die einzelnen Kämpfer vor, er variiert das Schema der «Kettenreaktion» – A erblickt B, wirft mit der Lanze nach ihm, B weicht aus, die Lanze trifft C, seinen Tod will D rächen, trifft statt A aber E – und schildert detailliert die tödlichen Verwundungen, welche die Kämpfer sich gegenseitig zufügen. Doch Ovid nimmt dem Geschehen jegliche Würde des Heroentums, indem er alles ins Groteske verzerrt, wobei er sich zunutze macht, daß nicht auf dem «Feld der Ehre», sondern während eines Gastmahls zu den Waffen gegriffen wird. Wie die Recken dabei auch beliebige Gegenstände zum Töten verwenden und ihr Heldentum endgültig ad absurdum führen, soll im Zusammenhang mit dem Kampf der Lapithen und Kentauren näher betrachtet werden (S. 96–98). Was Perseus betrifft, muß er wegen der Übermacht seiner Gegner dazu übergehen, diese mit Hilfe des Medusenhauptes zu versteinern. So verwandelt sich die Schlachtszenerie am Schluß des letzten Mythos, den Ovid in der ersten Pentade vor dem Finale erzählt, in einen Verwandlungsreigen. Minerva, welche die Petrifizierungen als Helferin ihres Bruders Perseus miterleben kann, begibt sich danach auf den Helikon zu den Musen, die Dichter wie Ovid zu ihren Versen inspirieren.

Es wird Zeit, daß die neun Schwestern in Erscheinung treten. Denn eigentlich hätte man erwartet, daß Ovid wenigstens eine von ihnen im Proöm um Eingebung bittet. Doch die Musen direkt anrufen wird er, der in der Rolle des Erzählers in einem Hexameteropus alles ein wenig anders macht als seine Vorgänger, erst kurz vor dem Ende der *Metamorphosen* (15.622–625). Seine Schilderung einer Szene mit den Schwestern im Finale der ersten Pentade verknüpft er mit immanenter Poetik. Die Episode beginnt damit, daß Minerva, die von einer neuen Quelle auf dem Musenberg gehört hat – das Flügelroß Pegasus ließ sie durch seinen Hufschlag entspringen –, staunend diese Quelle und die sie umgebende Landschaft betrachtet. Sie erblickt Haine mit uralten Bäumen, Grotten und Kräuter, zwischen denen unzählige Blumen blühen, und nennt die Musen glückselig wegen ihrer künstlerischen Tätigkeit und ihrer Wohnstätte. Da eine solche Landschaft mehrfach den Hintergrund für Ovids Verwandlungsgeschichten bildet, ist denkbar, daß er allegorisch sagen will, die Göttin äußere sich positiv über sein Werk. Das würde einerseits zu seiner speziellen Verbundenheit mit ihr passen – sein Geburtstag am 20. März fällt in die Quinquatrien, ein wichtiges Minervafest, und seine Seereise nach Tomi wird er auf dem Schiff «Helm der Minerva» unternehmen (*Trist.* 1.10.1 f.) –, zum anderen reagiert eine (namentlich nicht genannte) Muse auf die Glücklichpreisung damit, daß sie der Göttin eine längere Erzählung als *mise en abyme* der ersten *Metamorphosen*-Pentade präsentiert. Daraus darf man folgern: Aus der neuen Musenquelle auf dem Helikon wurde die neue Poesie geschöpft, die in Ovids Hexameteropus enthalten ist.

Wie meine schematische Übersicht zu Buch 5 zeigt, ist die Musen-Episode besonders kunstvoll verschachtelt. Alessandro Barchiesi weist in seinem Beitrag zu Philip Hardies *Cambridge Companion to Ovid* (187 ff.) darauf hin, daß wir insgesamt fünf Stimmen vernehmen. Nachdem Ovid (= Stimme 1) Minerva und die neun Göttinnen zusammengeführt hat, erzählt die anonyme Muse (= Stimme 2) die Geschichte von König Pyreneus, der ihr und ihren Schwestern Gewalt anzutun versucht. Dann redet wieder kurz Ovid – er stellt die in Elstern verwandelten neun Töchter des Pierus vor –, woraufhin «Stimme 2», um die Metamorphose zu erklären, von dem Gesangswettbewerb der Musen mit den Pieriden berichtet. Diese hätten, so beginnt sie, in ihrem Lied eine Gigantomachie dargeboten und darin zu Unrecht die Gegner der Götter gelobt. Als anschließend «Stimme 1» uns mitgeteilt hat, Minerva habe nun das Lied der Musen hören wollen und Sängerin sei Kalliope gewesen, zitiert sie wörtlich dieses Lied und läßt somit Stimme 3 zu Wort kommen. Von dieser vernehmen wir ausführlich den Mythos vom Raub der Proserpina, und hier ist, vorgetragen von Arethusa, der «Stimme 4», ein weiterer Mythos eingelegt. Die Erzählerin hat, als sie nackt badete, aus der Tiefe des Wassers ein Murmeln gehört, und als sie erschrocken ans Ufer sprang, rief «Stimme 5»: «Wohin eilst du, Arethusa ... wohin eilst du?» (5.599 f.) Jetzt sprach der Flußgott Alphëus, vor dem Arethusa floh und der sich erst dann mit ihr vereinen konnte, als Diana sie in Wasser verwandelt und er seine menschliche Gestalt abgelegt hatte. Also redet zu uns in der äußersten «Schachtel» und tief in der innersten (unten im Wasser!) jeweils eine männliche Stimme: diejenige Ovids und diejenige des Alphëus.

Die wichtigsten motivischen Übereinstimmungen zwischen dem Abschnitt 5.250–678 und dem Rest der ersten *Metamorphosen*-Pentade zeigt folgende Übersicht:

250–268	neue Quelle, zu der Minerva herabgeführt wird	1.1–4	... in neue Körper ... Götter ... führt herab ...
269–293	Pyreneus will Musen Gewalt antun	1.211–239	Lykaon will Jupiter ermorden
319–331	Gigantomachie	1.151–162	Gigantomachie
359–361	Pluto inspiziert Sizilien	2.401–410	Jupiter inspiziert Arkadien
384	Amors Pfeil trifft Pluto	1.472 f.	Amors Pfeil trifft Apollo
385–408	Pluto entführt Proserpina	2.833–875	Jupiter entführt Europa
465–468	Kyane als verhinderter «Anzeiger»	3.190–197	Aktäon als verhinderter «Anzeiger»
539–545	Askalaphus als «Anzeiger»	2.702–707	Battus als «Anzeiger»
577–641	Arethusa beim Baden von Alphëus begehrt	4.340–355	Hermaphroditus beim Baden von Salmakis begehrt
645 ff.	Flug des Triptolemus	4.621 ff.	Flug des Perseus

Dazu ein paar Erläuterungen:

1. Als «neu» bezeichnet Ovid in 1.1–4 zwar nicht sein Werk, sondern die Körper, in die, wie er erzählen will, Gestalten sich verwandeln, aber da im Originaltext *novus* gleich das zweite Wort ist, schwingt der Gedanke, daß der Dichter mit den *Metamorphosen* etwas Neuartiges vorlegt, durchaus mit. Neu ist wirklich die Kombination von «fortlaufendem» und «fein gesponnenem» (wörtlich: «heruntergeführtem»)

Gedicht (*carmen perpetuum/deductum*), und darauf spielt Ovid vermutlich an, wenn er schreibt, auf dem Helikon habe die Muse die Göttin Minerva zu einer neuen Quelle herabgeführt (5.263: *deduxit*).

2. Die Motive, die Ovid im Finale zur ersten Pentade aus der Urgeschichte wiederholt – «Mensch bedroht Gottheit» (Lykaon/Pyreneus) und «Gigantomachie» –, läßt er die anonyme Muse zu Beginn ihrer Erzählung verwenden, während er Motive der «eigentlichen Handlung», die mit dem Daphne-Mythos beginnt, in Kalliopes Lied spiegelt.
3. In dem Bericht über Proserpinas Entführung durch Pluto sind drei Varianten des Erzähltyps «Gott liebt Sterbliche» kombiniert: Daphne-, Kallisto- und Europa-Mythos.
4. Ein weiteres wichtiges Motiv der ersten Pentade ist mit der Figur des *index* («Anzeiger») verbunden; es taucht zweimal auf: a) Kyane kann der Göttin Ceres, die ihre entführte Tochter sucht, nicht «erzählen» (5.466: *narrasset*), wo diese ist, weil sie in Wasser verwandelt wurde, und dies erinnert daran, daß Diana Aktäon daran hindert zu «erzählen» (3.193: *narrare*), er habe sie nackt gesehen, indem sie ihn in einen Hirsch verwandelt; b) Wie Askalaphus zur Strafe für eine «Anzeige» in einen Uhu, so wird zum Beispiel Battus wegen desselben Vergehens in einen Stein verwandelt.
5. Den Hermaphroditus- und den Arethusa-Mythos präsentiert Ovid gleichermaßen als eingelegte Erzählungen. Arethusa, die in Parallele zu der «professionellen» Erzählerin Alkithoë gesetzt wird, verrät sich in 5.499 f. als ausgesprochen erzählfreudig.

Nach ihrer Wiedergabe des Liedes der Kalliope berichtet die anonyme Muse, die Nymphen vom Helikon hätten die Musen zu Siegerinnen in dem Gesangswettbewerb erklärt, worauf die Pïeriden in Elstern verwandelt worden seien. Damit enden gleichzeitig die Erzählung der Muse, Buch 5 und die erste Pentade. Minerva, Ovids «spezielle» Göttin, stellt, wie man am Anfang von Buch 6 erfährt, die Verbindung zur zweiten Pentade her.

2. Die zweite Pentade

Wie in der ersten Pentade auf den Erzählblock «Urgeschichte» (1.5–451) eine erotische Geschichte folgt (452–567), so schließt am Anfang der zweiten Pentade an eine eng geschlossene Sequenz von Mythen zum Thema «Götter bestrafen Sterbliche» (6.1–411) wiederum eine erotische Sage an (412–674), die bei näherer Betrachtung motivische und verbale Berührungen mit der ersten Liebesgeschichte der ersten Pentade aufweist. Das Finale der zweiten Pentade bildet das Lied des Orpheus (10.143–739). Der Sänger greift wie seine Mutter Kalliope auf Motive der vorausgehenden vier Bücher zurück und bietet insofern eine *mise en abyme* der zweiten Pentade. Wie in der ersten ist dem Finale in der zweiten ein Abschnitt vorausgeschickt, in dem es um das Thema «Hochzeit» geht. Diesmal erzählt Ovid nicht wie im Falle der Perseus-Geschichte von einer Vermählungsfeier, die als unbeschwertes Fest beginnt, dann aber gestört wird, sondern verteilt die hellen und dunklen Farben auf zwei Mythen: Zunächst schildert er die Hochzeit von Iphis und Ianthe als Happy-End der Iphis-Sage (9.785–797), dann lesen wir, daß Eurydike gleich nach der Vermählung mit Orpheus stirbt (10.1–10). Die Parallelität der Strukturen beider Pentaden scheint mir evident.

Buch 6

1–145	Arachne
146–312	Niobe
313–316	*Überleitung*
317–383	*1. anonymer Erzähler*: *«Ich sah den See und den Ort.»*
	331–381 *2. anonymer Erzähler:* Lykische Bauern
383–400	*3. anonymer Erzähler*: Marsyas
401–411	*Überleitung:* Pelops
412–674	Tereus, Prokne und Philomela
675–721	Boreas und Orithyia

Auf den Wettstreit der Musen mit den Pieriden am Ende von Buch 5 folgt zu Beginn von Buch 6 derjenige der Minerva mit Arachne. Diese hat die Göttin dazu aufgefordert, sich mit ihr in der Kunst des Webens zu messen. Minerva erscheint in Gestalt einer alten Frau und bildet auf dem von ihr angefertigten Gewebe außer zwölf Göttern mit Jupiter in der Mitte vier Wettkämpfe von Menschen mit Unsterblichen ab, die mit der Verwandlung der Menschen endeten. Damit veranschaulicht sie demonstrativ Macht und Würde der Götter, während Arachne zu ihrem eigenen Schaden mehrere Unsterbliche dabei darstellt, wie sie sterbliche Frauen vergewaltigen. Nicht einmal Minerva vermag dieses Kunstwerk zu tadeln, aber verärgert über den Erfolg der Rivalin zerreißt sie das Gewebe und schlägt Arachne drei-, viermal mit ihrem Weberschiffchen. Daraufhin versucht diese, sich zu erhängen, und wird durch die nun plötzlich von Mitleid ergriffene Göttin in eine Spinne verwandelt. Da das Bild auf dem Gewebe der Arachne offensichtlich als eine weitere *mise en abyme* der zweiten *Metamorphosen*-Pentade begriffen werden kann, hat man natürlich gefragt, ob und inwieweit Ovid sich mit der Weberin und ihrem Schicksal identifiziert. Haben wir es einfach mit Selbstironie zu tun, oder will der Dichter zum Ausdruck bringen, daß er sich als ein von den Mächtigen verfolgter Künstler sieht? Man müßte, um eine Antwort geben zu können, wenigstens wissen, ob Ovid schon verbannt war, als er seine Version des Arachne-Mythos verfaßte. Aber das liegt, wie bereits erwähnt, im dunkeln.

Auch Niobe, die Frau König Amphions von Theben, deren Schicksal die zweite Geschichte in Buch 6 erzählt, mißt eine eigene Leistung an derjenigen einer Göttin: Sie beansprucht, da Latona nur die Zwillinge Apollo und Diana, sie dagegen sieben Söhne und sieben Töchter geboren hat, ebenfalls göttliche Ehren und verweist die Thebanerinnen von Latonas Altären. Dafür wird sie nicht nur denkbar schwer bestraft – das göttliche Zwillingspaar tötet alle ihre Kinder –, sondern zudem in ein Marmorbild verwandelt. Man ist ganz erleichtert, wenn man nach dieser Geschichte, in der Ovid wieder bis ins grausigste Detail hinein das Sterben Unschuldiger schildert, eine

Art Schwank liest. Er bietet die mythische Erklärung dafür, warum die Frösche in der doppelten Bedeutung des Wortes «quaken»: Sie waren ursprünglich lykische Bauern, welche die vor Juno fliehende Göttin Latona bat, sie und ihre kleinen Kinder aus einem Weiher trinken zu lassen. Weil die Bauern das nun nicht gestatteten und sogar mit Händen und Füßen das Wasser trübten, verwandelte die Göttin sie in Frösche. In diesem Zusammenhang lesen wir folgenden Vers Ovids, der wegen seiner Lautmalerei besonders berühmt wurde (6.376):

quamvis sint sub aqua, sub aqua maledicere temptant.
(Obwohl sie unter Wasser leben, versuchen sie unter Wasser zu schimpfen)

Die Latonageschichte wirkt im Gegensatz zu der Niobe-Episode mit ihrem epischen Niveau eher wie ein Produkt kallimacheischer Kleinpoesie. Doch bevor sie beginnt, weckt der Dichter Erwartung auf etwas Großes. Er läßt den Mythos von den lykischen Bauern durch einen (namentlich nicht genannten) Mann erzählen, der sie von jemand anders gehört hat und als Parallele zur Niobe-Geschichte versteht. Der Gewährsmann des Erzählers war sein Weggeleiter, als er im Auftrag seines Vaters aus der Gegend, in der sich der Weiher der Bauern befand, auserlesene Rinder nach Hause treiben sollte. Er ist also ein Hirte, und da Ovid ihn berichten läßt, er habe mitten in dem See einen Altar erblickt, dem sein Führer und er sofort Ehrerbietung bekundet hätten, erinnert man sich unwillkürlich an zwei berühmte Hirten, denen jeweils während des Ausübens ihrer Tätigkeit eine göttliche Erscheinung zuteil wird: an Hesiod (um 700 v. Chr.), der beim Weiden seiner Schafe auf dem Helikon den Musen begegnet und von ihnen zum Dichter geweiht wird (*Theogonie* 22 ff.), und an Archilochos (Mitte 7. Jh. v. Chr.), der biographischer Überlieferung zufolge seine Musenweihe erlebte, als er im Auftrag seines Vaters eine Kuh zum Verkauf führte. Wir dürfen also auch an der Stelle in unserer Geschichte, an der die beiden Hirten mit Blick auf das Heiligtum ängstlich «Sei mir gnädig!» rufen, mit einem Auftreten der Musen rechnen. Statt dessen berichtet der Führer des Erzählers über Bauern, die in Frösche verwandelt werden und einen Gesang anstimmen, der das genaue Gegenteil zu demjenigen der Musen bietet: Gequake.

Der erzählende Weggeleiter stellt Latona als die Protagonistin seiner Geschichte vor, indem er kurz skizziert, wie die Göttin auf Delos ihre Zwillinge gebar. Dieses Ereignis ist, da Kallimachos darüber in seinem Delos-Hymnos berichtet (190 ff.), ein erhabener Stoff, der aber jetzt nur die Folie für ein weniger anspruchsvolles Sujet liefert. Die hier zu beobachtende Konfrontation der kleinen mit der großen Poesie war Ovid bereits durch einen Text vorgegeben, der ihm wichtige Anregungen für seine Fassung des Mythos von den lykischen Bauern bot: Properzens Elegie 4.9. Darin möchte ebenfalls jemand seinen Durst stillen; es ist Herkules, der gerade in heroischem Kampf das Ungeheuer Cacus getötet hat. Aber nicht bei dieser Heldentat verweilt der Elegiker länger – von ihr erzählt Vergil detailliert in der *Aeneis* (8.190–305) –, sondern er widmet sich ausführlich dem dürstenden Herkules, der vor dem Hain der Bona Dea steht und ihre Dienerinnen um einen Trank bittet. Der Held spricht dabei ähnlich wie ein von seiner Geliebten nicht ins Haus gelassener elegischer Liebhaber, wirkt entsprechend komisch und bekommt denn auch den Trank von der Oberpriesterin verweigert. Wie nach ihm Ovid geht also Properz von einem nur angedeuteten epischen zu einem schwankhaften Stoff über. Immerhin ist das Aition, mit dem die Herkules-Geschichte schließt, «erhabener» als die Erklärung des Froschequakens am Ende der Latona-Sage: Nachdem der Held gewaltsam in den Hain eingedrungen ist, rächt er sich für die verweigerte Gastfreundschaft, indem er die Ara Maxima («Größter Altar») weiht und Frauen von dem mit ihr verbundenen Kult ausschließt.

Hat man sich durch die Lektüre der Geschichte über die lykischen Bauern von der Schilderung des erbarmungslosen Mordens in der Niobe-Sage erholt, wird man durch zwei kurze Episoden, in denen wiederum Blut fließt, auf eine der grausigsten und zugleich längsten Erzählungen der *Metamorphosen* eingestimmt: den Mythos von Tereus, Prokne und Philomela. Voraus geht zunächst derjenige von Marsyas, welcher, nachdem er sich mit Apollo im Flötenspiel gemessen und verloren hat, von dem Gott bei lebendigem Leibe enthäutet wird. Dann folgt eine kurze Zusammenfassung der Sage von Pelops, den sein Vater Tantalus den Göttern zum Mahl vorsetzt. Dieses Motiv findet sich nun auch gegen Ende des Mythos von Tereus: Der Thrakerkönig verspeist ahnungslos seinen Sohn Itys, den dessen Mutter Prokne und ihre Schwester Philomela geschlachtet haben, weil Tereus die Schwägerin brutal vergewaltigt und ihr anschließend, damit sie ihn nicht verraten kann, die Zunge abgeschnitten hat. Die Geschichte, die mit der Verwandlung des Königs in einen Wiedehopf, seiner Frau in eine Schwalbe und der Philomela in eine Nachtigall endet, variiert das in der ersten Pentade der *Metamorphosen* mehrmals verwendete Motiv «Gott begehrt eine Sterbliche und vergewaltigt sie» erstmals auf der Ebene eines nur von Menschen gelenkten Geschehens. Wie bereits angedeutet, verhält sich Tereus als «Liebhaber» weitaus grausamer als Ovids Götter, aber bevor es dazu kommt, stellt der Dichter einen unverkennbaren Bezug zu seinen bisher erzählten Geschichten von den Affären Unsterblicher mit sterblichen Frauen her.

Nicht anders als Apollo und Jupiter in den Sagen von Daphne und Kallisto ist Tereus, als er fünf Jahre nach der Hochzeit mit Prokne von dieser aus Thrakien nach Athen geschickt wird, um Philomela als gemeinsamen Gast abzuholen, beim Anblick weiblicher Schönheit auf der Stelle von sexuellem Verlangen heftig entflammt. Aber statt wie die beiden Götter sofort auf Erfüllung seines Wunsches zu dringen, begnügt er sich, während er noch am Hof des Schwiegervaters weilt, mit einer stufenweise entwickelten Werbestrategie. Sie erinnert – und das mag den Leser zunächst zum Schmunzeln bringen – deutlich an einzelne Lektionen der *Liebeskunst* Ovids: Tereus versucht, wie aus 6.461–471 zu erfahren ist, Philomelas Dienerinnen für sich zu gewinnen (vgl. *Ars* 1.351–398), macht der Frau Geschenke (*A.* 1.399–436), erwägt, Gewalt anzuwenden (*A.* 1.663 ff.), verläßt sich dann wieder auf seine Rhetorik

(*A.* 1.459 ff.) und vergießt demonstrativ Tränen (*A.* 1.659). Da Ovid als Lehrer der Liebe immer wieder deutlich macht, daß er seine Schüler zu kultiviertem Umgang mit den Frauen anhalten will, wirkt es dann um so barbarischer, wenn Tereus, als er mit Philomela in Thrakien gelandet ist und sie vergewaltigt hat, ihre Zunge mit einer Zange packt und diese dann mit dem Schwert abschneidet. Aber in der Rolle des Beobachters von wundersamen Naturvorgängen bringt Ovid es dann durchaus fertig, an seinen Bericht über die Verstümmelung folgende Bemerkungen anzuschließen (6.557b–560):

Der Rest der Zungenwurzel zuckt noch,
die Zunge liegt auf der schwarzen Erde und murmelt zitternd hinein.
Wie zu springen pflegt der Schwanz einer verstümmelten Schlange,
bäumt sie sich auf und sucht verendend die Füße ihrer Herrin.

Gewiß, hier nimmt Ovid wieder die spielerische Pose des Pseudo-Naturwissenschaftlers ein. Aber für modernes Empfinden überschreitet er damit die Grenzen des ästhetisch noch Erträglichen. Man muß freilich bedenken, daß seine Zeitgenossen abgehackte Körperteile nicht selten zu sehen bekommen konnten. Vielleicht besaßen sie deswegen eine Art von schwarzem Humor, den wir nicht mehr nachvollziehen können, vor dem wir aber nicht in der Haltung des allzu naiv an die edle Einfalt und stille Größe der Antike glaubenden Humanisten die Augen verschließen sollten.

An seine schaurige Version des Tereus-Mythos knüpft Ovid eine Geschichte an, die vergleichsweise harmlos, ja erneut eher schwankhaft wirkt: den Mythos vom Raub der Orithyia durch Boreas. Die Entführte gebiert dem Windgott die Zwillinge Kalaïs und Zetes, die von ihrem Vater erben, daß sie fliegen können. Als sie zu jungen Männern herangewachsen sind, begleiten sie zusammen mit anderen Heroen Jason auf seiner Fahrt nach Kolchis, von wo er das Goldene Vlies holen will. Das berichtet Ovid in den letzten drei Versen von Buch 6 und weckt so die Erwartung, er werde Buch 7 mit seiner Version des Mythos von den Argonauten beginnen.

Buch 7

1–403 Medea
hilft Jason (1–158)
verjüngt Äson (und die Ammen des Bacchus) (159–296)
verleitet die Töchter des Pelias zur Tötung des Vaters (297–349)
fliegt nach Korinth [12 Metamorphosen eingelegt] (350–393)
tötet ihre Kinder und flieht zu Ägeus, der sie heiratet (394–403)
404–9.97 «THESEÏS»
404–452 Theseus: Medea versucht ihn zu töten; Jugendtaten
453–8.266 Minos-Rahmen
453–489 Minos: Äakus verweigert ihm Waffenhilfe
490–8.5 Kephalus-Rahmen: Kephalus bittet Äakus um Waffenhilfe
518–660 *Erzähler Äakus:* Die Pest auf Ägina
690–862 *Erzähler Kephalus:* Kephalus und Prokris [759–793 Lälaps]

Zu den Argonauten, auf die Ovid am Ende von Buch 6 zu sprechen kommt, gehören die prominentesten Heroen der Generation vor den Helden, die am Trojanischen Krieg teilnehmen. In den Büchern 6–10 der *Metamorphosen*, welche die Heroenpentade bilden, wird viel von Männern wie Theseus und Herkules erzählt. Aber ihre Heldentaten spielen dabei eine relativ geringe Rolle; diese liefern im Grunde nur den Übergang, den Rahmen oder den Hintergrund zu Aktionen, die von Frauen ausgeführt werden. Es sind also weniger die Heroen als die Heroinen, die im Zentrum der zweiten Pentade stehen. Schon Buch 6 hat mit Arachne, Niobe und Prokne herausragende weibliche Persönlichkeiten aufzuweisen, und in Buch 7 widmet Ovid, nachdem er in den ersten acht Versen rasch die Fahrt der Argonauten nach Kolchis zusammengefaßt hat, die nachfolgenden 416 Verse der Tochter des Königs von Kolchis: Medea. Diese Heroine kennt man vor allem aus der gleichnamigen Tragödie des Euripides, in der sie ihre von Jason gezeugten Kinder tötet, weil der Held, nachdem er durch ihre Hilfe das Goldene Vlies erworben und sie mit nach Griechenland genommen hat, sich einer anderen Frau zuwendet. Aber davon ist bei Ovid erst kurz vor dem Ende des langen Medea-Abschnitts in nur vier Versen die Rede (7.394–397). Immerhin ließ der Dichter sich von der bekanntesten Szene der Tragödie, dem Monolog, in dem Medea überlegt, ob sie die Kinder töten soll oder nicht, zu einer vergleichbaren Szene anregen. Doch bei ihm fragt sich die Königstochter, die sich gerade erst in Jason verliebt hat, ob sie ihm zum Goldenen Vlies verhelfen soll oder nicht.

Ovids Monolog der Medea (7.11b–71) «erotisiert» also ihren Monolog bei Euripides (1021–1080), und darin äußert sich wieder der bisherige Autor von Liebeselegien. Für sein von Verwandlungen erzählendes Werk ist Medea besonders als Zauberin interessant. Deshalb berichtet Ovid ausführlich darüber, wie die Kolcherin vermöge ihrer magischen Künste Jasons Vater Äson verjüngt und dann auch dessen Bruder Pelias zu verjüngen verheißt; doch bei ihm, der entgegen seinem Versprechen die Übergabe der Königsherrschaft an Jason verweigert, bewirkt der nach Anweisung Medeas von seinen Töchtern durchgeführte Hokuspokus den Tod. Der Strafe für den Mord entgeht die Zauberin, indem sie sich auf geflügelten Schlangen in die Lüfte erhebt. Ovid verbindet die Aufzählung der Orte, über die Medea hinwegfliegt, mit einem Katalog von zwölf Metamorphosen, die er jeweils nur kurz anspricht, um dann rasch zu einem bis zu V. 97 in Buch 9 reichenden Abschnitt überzuleiten, den man als «Theseïs» bezeichnen kann: Der Dichter berichtet in V. 394–424, wie Medea nach dem Kindermord vom Tatort Korinth zu König Ägeus von Athen fliegt, sich mit ihm vermählt und seinen Sohn Theseus zu vergiften versucht. Das mißlingt, Medea macht sich davon, ein Fest zum Dank für die Rettung des jungen Heros wird gefeiert, und dabei singen die Athener Lieder, in denen sie seine Heldentaten aufzählen. Der Katalog, den Ovid hier bietet, ist freilich sehr kurz (7.433b–447), und die Festesfreude wird dadurch getrübt, daß König Minos von Kreta zu einem Krieg gegen die Athener rüstet.

Kaum ist Minos erwähnt, gerät Theseus erst einmal in Vergessenheit, ja es wird sogar in die «Theseïs» eine «Minoïs» eingelegt, die immerhin bis 8.266 reicht. Der Kreter greift zu den Waffen, weil die Athener seinen Sohn Androgeos getötet haben, aber bevor Minos sich dafür rächen kann, will er Bundesgenossen gewinnen, und deshalb begibt er sich zu König Äakus nach Ägina. Weil dieser aber zur Waffenbrüderschaft nicht bereit ist, muß Minos abziehen. Gleich darauf erscheint in Ägina als Gesandter aus Athen Kephalus, um ebenfalls für ein Bündnis zu werben, und so bildet nunmehr die gerade erst begonnene «Minoïs» den Rahmen für eine knapp 380 Verse umfassende «Kephalis» (7.490–8.5). Wie man sieht, benutzt Ovid die Heroensagen vor allem dazu, sie ineinander zu verschachteln und dadurch eine Möglichkeit für das Erzählen von Geschichten zu gewinnen, die einerseits nur lose mit dem übergeordneten Thema verbunden sind, andererseits sich besser als dieses für eine weitere Behandlung des Verwandlungsmotivs eignen. Der durch Einführung der Person des Kephalus geschaffene Rahmen umfaßt außer dem Bericht über den Besuch des Atheners auf Ägina zwei eingelegte Erzählungen, von denen die eine mit einer Metamorphose endet, die andere eine in sie eingeschaltete Verwandlungsgeschichte enthält. Im ersten Falle ist Äakus der Erzähler. Er berichtet, daß er durch eine Pest, deren Wüten er sehr ausführlich schildert, zahlreicher Untertanen beraubt worden sei, dann aber Jupiter um Rückgabe der Seinen gebeten und damit erreicht habe, daß ein Heer von Ameisen in Menschen verwandelt wurde.

Mit der Pestbeschreibung knüpfte Ovid im Bereich der Poesie an die Tradition sowohl des Epos als auch des Lehrgedichts an – seine bekanntesten Vorbilder fand er bei Homer (*Ilias* 1.44–52), Lukrez (6.1138–1286) und Vergil (*Georgica* 3.478–566) –, während er sich mit der zweiten in die «Kephalis» eingelegten Geschichte wieder einmal in die Nähe der erotischen Elegie begab. Erzähler ist Kephalus, der von Äakus' Sohn Phokus gefragt wird, warum und woher er seinen Jagdspieß, der jedes Ziel trifft und anschließend zu seinem Besitzer zurückfliegt, erhalten hat. Kephalus, der, wie man am Ende seiner Geschichte erfährt, mit der Wunderwaffe versehentlich seine Frau Prokris tötete, beginnt unter Tränen zu sprechen. Für zeitgenössische Leser war damit der Bezug zur Elegie hergestellt, da sie Weinen und Klagen als charakteristisches Element der Gattung kannten. Typisch für diese ist ferner, daß der Ich-Sagende, wenn er von Liebeserfahrungen redet, nicht nur seinem Kummer ausgesprochen egozentrisch Ausdruck verleiht, sondern sich auch über den Anlaß einseitig-subjektiv äußert, und ebendies gilt auch für Kephalus. Wer andere Fassungen des Mythos kennt, der bemerkt: Ovids Ich-Erzähler beschönigt oder verschweigt, wenn er es für nötig hält. So berichtet er zwar, daß er zwei Monate nach seiner Hochzeit während der Jagd von Aurora, der Göttin der Morgenröte, geraubt wurde, verrät aber über seinen Aufenthalt bei ihr lediglich, er habe ständig Prokris im Munde geführt und sei von der Göttin deswegen freigegeben worden. Anderen Versionen der Sage zufolge schläft er aber auch mit ihr, und das macht, wie wir sehen werden, das Ende der Geschichte besser verstehbar.

Da Aurora beim Abschied sagt, Kephalus werde wünschen, Prokris sei nicht sein gewesen, argwöhnt der Heros Ehebruch. Er betritt deshalb unerkannt sein Haus und stellt die Gattin, obwohl sie eindeutig treu geblieben ist, dadurch auf die Probe, daß er sie zu verführen versucht. Dabei gelangt er schließlich auch mit Hilfe eines größeren Geldgeschenks zum Ziel (Das Motiv wurde von Lorenzo da Ponte in seinem Libretto für Mozarts Oper *Così fan tutte* variiert). Daraufhin flieht die auf so hinterhältige Weise in eine Falle gelockte Prokris in die Berge und dient der Jagdgöttin Diana. Es gelingt Kephalus, sie zurückzuholen, weil er sich schuldig bekennt und erklärt, für ein Geschenk wie das seine wäre er ebenfalls zur Untreue bereit gewesen. Prokris gibt nach, allerdings erst dann, als sie, wie Kephalus kryptisch bemerkt, «die Kränkung ihrer Sittsamkeit gerächt hat» (751). Was tat sie? Laut Antoninos Liberalis trat sie zunächst als Mann in Jägertracht auf und versprach

Kephalus, der sie nicht erkannte, für den Fall, daß er bereit sei, mit ihr zu schlafen, den stets treffenden Jagdspieß und einen Jagdhund, der im Laufen alle besiegte. Kephalus willigte ein, und Prokris schenkte ihm, nachdem sie sich zu erkennen gegeben hatte, dennoch Spieß und Hund. Beide Gaben erhält Kephalus auch bei Ovid, und mit dem Hund, der Lälaps heißt, jagt er ein Ungeheuer von einem wilden Tier, das, während es seinem schnellen Verfolger immer wieder gerade noch entkommt, wie dieser plötzlich in ein Marmorbild verwandelt wird; das ist die in den Kephalus-Mythos eingelegte Sage, welche hier einzig das Motiv «Metamorphose» enthält.

Angedeutet ist das Motiv freilich auch im Schlußteil des Mythos. Kephalus, der nach wie vor gern auf die Jagd geht, pflegt, wenn er während der Mittagshitze linde Luft (*aura*) sucht, diese wie eine geliebte Frau anzureden. Als jemand ihn auf solche Weise zu «Aura» sprechen hört und Prokris davon erzählt, glaubt sie, es handle sich um eine Nymphe, und beschließt in ihrer Eifersucht, dabei zuzusehen, wenn der Gatte die «Rivalin» trifft. Da Aura deutlich an Aurora anklingt, mag das Handeln der Prokris begreiflich sein, und das um so mehr, wenn Kephalus ein richtiges Verhältnis mit der Göttin hatte. Als Prokris ihren Mann während seiner Siesta belauscht und er wieder «Aura» herbeiruft, verrät Prokris sich durch Rascheln im Laub, Kephalus glaubt, er höre ein Tier, schleudert seinen treffsicheren Spieß und tötet die Gattin. Sie hat zwar keine richtige Metamorphose in ein Tier durchlaufen, fällt aber wie ein solches von der Hand eines Jägers. Nachdem dieser seine Geschichte beendet hat, schließt Buch 7 mit folgenden Worten (863–865):

Den Weinenden erzählte dies der Held unter Tränen. Und sieh da,
Äakus tritt ein mit beiden Söhnen und den neuen
Kriegern, die Kephalus mit ihren starken Waffen in Empfang nimmt.

Der Übergang von Weinenden und Tränen zu Kriegern und Waffen signalisiert die Rückkehr des Kephalus von der elegischen in die epische Welt, in der Minos sein Volk bedroht. Gleich zu Beginn von Buch 8, das wie mehrere Bücher der *Ilias* und *Odyssee* sowie Buch 11 der *Aeneis* mit einem «epischen» Tagesanbruch beginnt, segelt der Held in das vom Heer des Kreterkönigs bedrohte Athen (8.1–5), und Ovid beginnt eine neue Geschichte mit den Worten: «Inzwischen verwüstet Minos die Küsten der Leleger» (8.6).

Buch 8

1–5	*Kephalus-Rahmen geschlossen*
6–151	Skylla und Minos
152–182	*Überleitung: Minos*-Minotaurus-*Theseus*-Ariadne
183–259	Dädalus und Ikarus; Perdix
260–266	*Minos-Rahmen geschlossen*
267–546	Die Kalydonische Jagd; Meleager; M.s Schwestern
547–9.97	*Achelous-Rahmen (= Ende Theseus-Rahmen)*
547–884	*Theseus* bei Achelous
577–610	*Erzähler Achelous:* Echinaden; Perimele
618–724	*Erzähler Lelex:* Philemon und Baukis
728–878	*Erzähler Achelous:* Erysichthon

Der Feldzug des Minos gibt zwar den Anlaß zu der ersten in Buch 8 erzählten Sage, aber diese enthält wieder elegische Motive, und wieder steht im Zentrum eine Heroine. Es ist Skylla, die Tochter des gegen Minos Krieg führenden Königs Nisus von Megara. Da die junge Frau oft einen Turm besteigt, von dem aus sie den Gefechten zusehen kann, erblickt sie auch den Kreterkönig und verliebt sich in ihn. Während des Schauens spricht sie einen Monolog, in dem sie auf den besten Weg zur Vereinigung mit dem begehrten Mann sinnt; sie erinnert dabei in gewisser Weise an einen elegisch Liebenden vor der verschlossenen Tür der Angebeteten. Es gibt ein Mittel, Minos zum Sieg zu verhelfen, ohne daß er weiterhin Blut vergießen muß: Skylla braucht nur eine purpurne Haarsträhne des Vaters, an die der Fortbestand seiner Herrschaft gebunden ist, abzuschneiden. Das führt sie auch aus, begibt sich mit der

Haarsträhne zu Minos und wünscht sich ihn als Gegengabe. Doch der König bezeichnet sie als Ungeheuer, mit dem er nichts zu tun haben will, und segelt nach seinem Sieg über die Stadt ohne Skylla davon. Diese läßt erneut einen Monolog ertönen, und jetzt erinnert sie an Ariadne auf Naxos, die darüber klagt, daß Theseus sie verlassen hat; Skyllas Worte enthalten Anspielungen auf Catulls Version der Ariadne-Klage in seinem Gedicht 64. Die von Minos Enttäuschte stürzt sich nach ihren Worten ins Meer, klammert sich an das Schiff des Königs und verwandelt sich, als ihr gerade zum Fischadler gewordener Vater auf sie zufliegt und sie zu zerfleischen droht, in den Vogel Ciris (von griech. *keîris*, «Scherer»).

Eine Überleitung zu der nächsten längeren Geschichte schafft Ovid durch rasches Erzählen bekannter Mythen: 1. von dem Stiermenschen Minotaurus, den Minos' Frau Pasiphaë mit einem Stier gezeugt hat; 2. von dem durch Dädalus erbauten Labyrinth, in das Minotaurus eingeschlossen wird und wo ihn Theseus tötet, um dann mit Hilfe des Ariadnefadens wieder herauszufinden; 3. von Ariadnes Verstoßung durch Theseus und ihrer Rettung durch Bacchus, der ihre Krone als Gestirn an den Himmel versetzt. Ovid schreibt, der Gott habe «der Verlassenen und vieles in ihrer Klage Sagenden Umarmung und Hilfe gebracht» (8.176 f.). «Vieles» – damit meint der Dichter die 70 Verse der Ariadne-Klage in Catulls Gedicht 64 (V. 132–201), auf die er kurz zuvor angespielt hat. Weil der Text des Vorgängers ein «Klassiker» ist, braucht Ovid die Kreterin nicht noch einmal klagen zu lassen. Dafür «entschädigt» er den Leser mit einer Geschichte, die vor ihm vermutlich noch kein Römer ausführlich erzählt hat: mit der Sage von Dädalus und Ikarus, die ich, weil sie durch Ovid sehr bekannt wurde, in einem eigenen Abschnitt betrachten möchte.

Dädalus und Ikarus

Den Minos- und Theseus-Sagenkreis hatte schon Vergil in Buch 6 seiner *Aeneis* zusammengefaßt. Die einzelnen Mythen sind Thema eines Bilderzyklus auf den Türflügeln des Apollotempels in Cumae, den Dädalus nach seiner Flucht aus Kreta geschaffen hat. Am Ende seiner Beschreibung dieses Zyklus sagt Vergil (30b–33a):

Auch du, Ikarus, nähmest einen großen
Abschnitt in dem bedeutenden Werk ein, ließe der Schmerz es nur zu.
Zweimal hatte Dädalus versucht, deinen Sturz in Gold abzubilden,
zweimal sanken ihm die väterlichen Hände.

Wie es zum Sturz des Ikarus kommt – er fällt vom Himmel, zu dem er und sein Vater Dädalus sich mit Hilfe von Flügeln erhoben haben, weil er in die Nähe der Sonne gerät und das Wachs schmilzt, mit dem die Flügel an seinen Schultern befestigt sind –, erzählt Ovid ausführlich. In direktem Anschluß an Vergil zeigt er dabei viel Empathie und regt so die Leser an, sich mit Dädalus zu identifizieren. Dieser wird von König Minos auf Kreta festgehalten, wo er, wie zu Beginn der Geschichte nur kurz angedeutet wird, im Exil lebt (184). Nun bewegt ihn die Heimatliebe (184) dazu, für sich und seinen Sohn Flügel anzufertigen, um entfliehen zu können. Er ist sich dabei der Gefahr, in die er den Knaben bringt, durchaus bewußt, und deshalb belehrt er ihn über die zu wählende Flugbahn: Ikarus soll weder zu tief noch zu hoch fliegen, da sonst entweder das Meerwasser die Federn schwer macht oder das Feuer sie versengt. Als Ovid kurz erwähnt hat, der Vater habe den Sohn im Fliegen unterwiesen und dessen Schultern die Flügel angepaßt, schreibt er (210–216):

Unter der Arbeit und den Ermahnungen wurden die greisen Wangen feucht,
und die väterlichen Hände erzitterten. Er gab seinem Sohn Küsse,
die er nicht wiederholen sollte, und von den Federn emporgehoben,
fliegt er voraus und fürchtet für den Gefährten wie ein Vogel, der vom
hohen Nest die zarte Brut in die Luft hinausgeführt hat,
und er ermuntert ihn zu folgen und lehrt ihn die verderblichen Künste
und bewegt selbst seine Flügel und blickt zurück auf die des Sohnes.

Unverkennbar spielt Ovid in V. 211 (*patriae tremuere manus*) auf Vergils V. 6.33 an (*patriae cecidere manus*), evoziert so das Mitgefühl des älteren Dichters für den Vater, der seinen Sohn verloren hat, und macht gleichzeitig seinen Dädalus, der sich um den noch lebenden Sohn sorgt, zum Objekt der eigenen Empathie. Gewiß, er bemüht sich gleichzeitig in seiner gewohnt spielerischen Erzählweise, die motivische Verbindung zum Thema seines Hexameteropus zu knüpfen. Denn der Vergleich des Dädalus mit einem Vogel weckt Assoziationen von der Metamorphose in einen solchen. Aber bis zu der Stelle, an der er von der Reaktion des Dädalus auf den Sturz des Ikarus erzählt, charakterisiert Ovid den Vater so, daß man dessen Trauer mitfühlend nachvollziehen kann. Der Text lautet hier (231–235):

Doch der unglückliche Vater, kein Vater mehr, rief: «Ikarus»,
er rief: «Ikarus, wo bist du? In welcher Gegend soll ich dich suchen?»
Immer wieder rief er: «Ikarus!» Da sah er die Federn in den Wogen,
verfluchte seine Künste und barg den Leib
in einem Grab, und das Land ist nach dem Bestatteten benannt.

In diesen Versen gibt es allerdings eine Passage, die bei näherer Betrachtung oder spätestens dann, wenn man den Rest der noch über weitere 24 Verse erzählten Geschichte gelesen hat, den Verdacht weckt, Ovids Empathie mache einem leichten Anflug von Sarkasmus Platz. Ich meine die Formulierung «der unglückliche Vater, kein Vater mehr» (231). Vater kann ein solcher sich zweifellos auch dann noch nennen, wenn er seinen einzigen Sohn verloren hat. Ovid aber möchte offenbar erneut das Verwandlungsmotiv in seine Version des Dädalus-Mythos einbringen, deutet also, indem er das Wort ‹Vater› spielerisch «beim Wort nimmt», eine erneute Metamorphose des Dädalus an. Bedenkt man nun, wie geschmacklos es wäre, wenn einem Vater, der gerade seinen Sohn verloren hat, am Grab erklärt würde, er sei kein Vater mehr, dann sieht man förmlich in der Miene des Erzählers so etwas wie ein höhnisches Grinsen aufblitzen. Aber warum sollte Ovid jetzt auch nur ansatzweise sarkastisch sein? Die Antwort auf diese Frage gibt der an V. 235 anschließende Text, der wie folgt beginnt (236–240):

Ihn erblickte, während er den Leib des unglücklichen Sohns
in einen Grabhügel legte,
ein geschwätziges Rebhuhn von einem lehmigen Graben aus,
klatschte mit den Flügeln und bekundete seine Freude durch Laute
– damals das einzige Rebhuhn, nie in früheren Jahren gesehen,
jüngst zum Vogel geworden, für dich, Dädalus, ein ewiger Vorwurf.

Wer aus V. 231 eine gewisse Ironie des Erzählers herausgespürt hat, sieht seine Ahnung bestätigt, weil jetzt ein Zeuge der Bestattung des Ikarus und der Trauer des Vaters sogar explizit Schadenfreude zum Ausdruck bringt. Der Grund dafür: Das Rebhuhn war einst ein Knabe, und zwar Dädalus' Neffe, der, weil er schon als Zwölfjähriger die Säge und den Zirkel erfand, den Neid des ebenfalls erfindungsreichen Onkels erregte. Dädalus, damals offensichtlich noch in Athen lebend, hatte den Neffen von der Akropolis gestürzt und dann behauptet, dieser sei gefallen. Auf einmal erfahren wir also, das Handeln des Dädalus habe schon einmal dazu geführt, daß ein Knabe aus schwindelnder Höhe herabstürzte, und dürfen jetzt annehmen, der Erfinder sei wegen seiner Tat von Athen nach Kreta ins Exil gegangen (V. 184!). Nun erlitt aber sein Neffe im Gegensatz zu Ikarus nicht den Tod, sondern wurde von Minerva in ein Rebhuhn verwandelt. Sollen wir folglich die ganze Geschichte im Rückblick so verstehen, daß Dädalus für sein Verbrechen auf der Akropolis mit dem Verlust des Sohnes bestraft wurde? Aber davon sagt Ovid nichts. Wäre ihm an einer Deutung in diesem Sinne gelegen gewesen, dann hätte er doch wohl wie im Phaëthon-Mythos einen strafenden Gott den fliegenden Knaben vom Himmel stürzen lassen. Aber im Ikarus-Teil der Geschichte greift kein Unsterblicher ins Geschehen ein. Dabei hätte ein solcher darin, daß Dädalus sich die Möglichkeit zum Fliegen verschaffte, einen Akt der Hybris sehen können. Nein, eine Moral von der Geschicht' läßt sich hier nicht erkennen. Was man dagegen deutlich wahrnimmt, ist eine raffinierte Erzählweise, die zunächst eine bestimmte Stimmung erzeugt und diese dann jäh verändert.

Zurück zur kursorischen Betrachtung von Buch 8! Sieben

Verse nach dem Schluß der Dädalus-Geschichte endet die «Minoïs», die schon etwa in der Mitte von Buch 7 begonnen hat, mit Ovids Bericht darüber, wie Theseus in Athen seinen Sieg über den Minotaurus feiert. Es sieht nun zunächst so aus, als werde der Held wieder in den Vordergrund treten und Ovid setze die in 7.404 begonnene und schon nach 49 Versen abgebrochene «Theseïs» fort. Denn der Dichter berichtet, in den griechischen Städten sei der Name des Theseus weithin bekannt geworden, die griechischen Völker hätten ihn um Hilfe gebeten, und so auch Kalydon. Dort wütet, von Diana geschickt, weil König Öneus sie bei einem Opfer vergessen hat, ein Monster von einem wilden Eber, und man benötigt ein ganzes Heer von Jägern, damit das Untier aufgespürt und erlegt werden kann. Theseus wird nun zwar ein Mitglied dieser Truppe, aber weder er noch die anderen Heroen, die an der Kalydonischen Jagd teilnehmen – es sind die prominentesten ihrer Generation –, zeigen überzeugendes Heldentum. Theseus zum Beispiel trifft, als sein Freund Pirithous gerade auf den Eber losgehen will und er ihm mit einem Speerwurf zu Hilfe kommt, nur einen Baum, und dies wohl nicht zuletzt deswegen, weil er seine Waffe vorsichtshalber aus der Ferne schleudert (8.403–410). Seine erste, wenn auch nur leichte Wunde empfängt das Tier, nachdem es bereits einen Recken getötet, drei verletzt und andere entweder eingeschüchtert oder sich ihren Speerwürfen entzogen hat, ausgerechnet von Atalanta, der einzigen Frau im Jägerteam.

Besonders unheroisch verhält sich der aus der Sage vom Trojanischen Krieg bekannte Pylier Nestor, der noch ganz jung ist. Als gealterter und entsprechend erfahrener Bundesgenosse des Agamemnon wird er gelegentlich, wenn er mit den militärischen Leistungen der Griechen unzufrieden ist, seinen Mitstreitern ausführlich von den glänzenden Taten seiner frühen Jahre vorschwärmen. So sagt er in Homers *Ilias* einmal in einer 148 Verse umfassenden Rede, nachdem er mit den Worten «Wäre ich doch so jung ... wie damals, als ...» (11.670 f.) zu seinen «Memoiren» übergeleitet hat, unter anderem folgende Sätze (11.675; 742; 747–749):

«Er wurde unter den ersten getroffen vom Speer aus meiner Hand ...
Ihn, wie er herankam, traf ich mit dem erzbeschlagenen Speer ...
Aber ich stürmte heran, einem schwarzen Sturmwind gleich,
und fünfzig Wagen nahm ich, und bei jedem zwei Männer
faßten mit den Zähnen die Erde, unter meinem Speer bezwungen.»

War es wirklich so? Vielleicht. Doch was das Verhalten des jungen Nestor bei seiner Konfrontation mit dem kalydonischen Eber betrifft, lesen wir in den *Metamorphosen* über den Umgang des Recken mit seinem Speer folgendes (8.365–368):

Vielleicht wäre auch der Pylier vor den Zeiten Trojas umgekommen,
aber aufstellend den Speer und ihn als Stütze nehmend,
sprang er auf die Äste des Baumes, der ihm am nächsten stand,
und schaute von sicherem Ort herab auf den Feind, vor dem er geflohen war.

Man könnte meinen, Ovid präsentiere uns hier das Aition für die sportliche Disziplin des Stabhochsprungs – jedenfalls würde das zu seinem ebenso respektlosen wie witzigen Umgang mit der Tradition des Erzählens von trutzigem Heldentum gut passen.

Bei der Kalydonischen Jagd werden nach der Verletzung des Ebers durch Atalanta noch ein Held getötet und zwei Lanzen wirkungslos geworfen, bevor es Meleager, dem Veranstalter der Sauhatz, endlich gelingt, das Tier zur Strecke zu bringen. Kaum ist somit der «heroische» Teil der Geschichte beendet, bringt Ovid gleich wieder die Liebe und das Unheil, das sie anrichten kann, ins Spiel. Er hatte zu Beginn seines Berichtes über die Jagd erzählt, Meleager habe, als er Atalanta erblickte, «heimliche Flammen in sich hinein gesogen» (8.325 f.). Dadurch wird es verständlich, daß der Held nach seinem Sieg über den Eber die Jagdtrophäe, die ihm zusteht – den Rücken und den Kopf –, Atalanta schenkt. Das mißfällt allerdings den übrigen, sämtlich dem männlichen Geschlecht angehörigen Jägern, obwohl sie sich nicht sehr männlich gezeigt haben. Besonders heftig protestieren Meleagers zwei Onkel Plexippus und Toxeus, aber als sie Atalanta die Gabe wegnehmen, durchbohrt der Neffe beide mit dem Schwert. Dies wiederum erzürnt die Schwester des Plexippus und Toxeus, Meleagers Mutter Althäa. Sie sinnt sofort auf Rache, und es gibt eine Möglichkeit, den Sohn aus der Ferne zu töten: Sie braucht nur ein Stück Holz, dem die Parzen dieselbe Lebenszeit wie Meleager gegeben haben und das die Mutter aufbewahrt, ins Feuer zu werfen. Natürlich ist Althäa zunächst zwischen der Liebe zu den Brüdern und derjenigen zu dem Sohn hin- und hergerissen, aber die Schwester in ihr siegt. Nach einem langen Monolog, an dessen Ende sie ihre Entscheidung bekräftigt – wieder wird uns eine pathetisch redende Heroine direkt vor Augen gestellt –, verbrennt sie das Scheit.

Es ist, wie man sieht, genau umgekehrt wie bei Jupiter in Buch 2: Meleager erlebt erst das Feuer der Liebe und dann ein richtiges. Seine Mutter folgt ihm freiwillig in den Tod, und seine in ihrer Trauer untröstlichen Schwestern werden bis auf zwei von Diana in Vögel verwandelt. Währenddessen befindet sich Theseus bereits auf dem Rückweg nach Athen, aber nicht einmal eine solche Reise kann er problemlos durchführen. Denn der vom Regen angeschwollene Fluß Achelous versperrt ihm den Weg. Aber da der Gott den Helden und dessen Gefährten unter sein Dach einlädt, kann Theseus, wenn ihm auch schon wieder die Möglichkeit zu heroischer Bewährung genommen ist, sich wenigstens Geschichten anhören. Ovid macht nämlich seinen Bericht über den Aufenthalt des Theseus bei Achelous zur Rahmenerzählung für Verwandlungsmythen, die er von dem Flußgott und Lelex, einem der Mannen des Helden, erzählen läßt. Zwei von ihnen evozieren Texte des Kallimachos und stellen sich in die Tradition seiner anspielungsreichen, fein ausgearbeiteten Poesie, die sich als Gegenstück zu episch-heroischer Dichtung begreift. Das wiederum entspricht der Erzählsituation. Denn Kallimachos konfrontiert in seinem Apollohymnos das Meer und das gewaltige Strömen des assyrischen Flusses einerseits und das geringfügige Sprudeln einer heiligen Quelle andererseits als Symbole für große und kleine Dichtung miteinander (105–112). Also darf man durch Achelous, wenn er so besonders heftig strömt, die epische Dichtung repräsentiert sehen, aber da der Gott gleichzeitig Gäste bewirtet und Gelegenheit zum Erzählen kurzer Geschichten gibt, läßt er auch die Kleinpoesie zu ihrem Recht kommen.

Der eine der beiden stark von Kallimachos beeinflußten Verwandlungsmythen – Lelex trägt ihn vor, nachdem Achelous die Entstehung einer Inselgruppe, der Echinaden, und der Insel Perimele ätiologisch erklärt hat – ist die Geschichte von Philemon und Baukis. Die beiden sind ein greises Ehepaar, von dem Jupiter und Merkur in Menschengestalt gastlich aufgenommen und bewirtet werden, nachdem sie vergeblich an tausend Türen geklopft haben; der Mythos beeinflußte christliche Legenden von Gottvater, der mit Sankt Peter auf Erden wandelt. Die beiden Unsterblichen der heidnischen Geschichte erfüllen ihren zwei Gastgebern, nachdem sie sich offenbart und die gottlosen Nachbarn in einem Sumpf versenkt haben, den Wunsch, künftig als Priester den erhabenen Gästen zu dienen, und verwandeln sie am Ende ihres Lebens in Bäume. Ovids Version der Sage hat aber weniger deswegen besondere Berühmtheit erlangt, weil sie so erbaulich ist, sondern wegen der liebevollen Kleinmalerei, mit welcher der Dichter uns höchst anschaulich vor Augen führt, wie die beiden Alten Jupiter und Merkur ebenso bescheiden wie betulich bewirten. Vorbild ist hier vor allem das Kurzepos *Hekale* des Kallimachos, in dem beschrieben wird, wie ein Mütterchen dieses Namens Theseus in ihrer ärmlichen Hütte Speise und Trank serviert, bevor er den marathonischen Stier tötet. Offenbar bemerkt Ovids Theseus die in der Geschichte von Philemon und Baukis enthaltenen Anspielungen auf die *Hekale*. Denn er zeigt sich, als Lelex seine Geschichte beendet hat, von ihr, wie der Dichter hervorhebt, ganz besonders ergriffen (8.725 f.).

Bei Ovids Version des Mythos von Erysichthon, die er Achelous nach der Sage von Philemon und Baukis vortragen läßt, handelt es sich um die freie Bearbeitung einer Geschichte innerhalb des Kallimacheischen Demeter-Hymnos. Der Protagonist legt bei beiden Dichtern die Axt an einen Baum in einem der Göttin geweihten Hain, woraufhin sie ihn mit unstillbarem Hunger straft. Bei dem Griechen ist der Frevler ein halbwüchsiger Jüngling, der seine Eltern durch maßlose Eßgier zur Verzweiflung bringt, und das paßt gut zur Welt der Kleinpoesie, in deren unpathetischem Stil von ihm erzählt wird. Ovids Erysichthon dagegen gleicht als notorischer Verächter der Götter dem Mezentius in Vergils *Aeneis*, und der römische Dichter erweckt in der ersten Hälfte seiner Geschichte durch episierende Sprache und Verwendung epischer Motive den Eindruck, er wolle den von Kallimachos übernommenen Stoff «vergilisieren». Aber in der zweiten Hälfte verwandelt er seine Erzählung in einen Schwank: Hier lesen wir, daß Erysichthon, nachdem er in seinem Heißhunger das gesamte Vermögen vergeudet hat, seine Tochter verkauft. Da nun diese über die Gabe verfügt, sich in verschiedene Gestalten zu verwandeln, kann sie der Sklaverei wieder entrinnen, wird daraufhin mehrfach von ihrem Vater verkauft und verschafft ihm, weil sie immer wieder durch ihre Kunst die Rückkehr bewerkstelligt, noch eine Zeitlang die für die Ernährung nötigen Mittel. Doch als auch sie verbraucht sind, bleibt Erysichthon nichts anderes übrig, als sich selbst zu verschlingen.

Während die Geschichte des Kallimachos damit endet, daß sein Protagonist als Bettler an einem Dreiweg sitzt, führt Ovid die Eßgier des Erysichthon schrittweise ad absurdum, läßt darüber seinen episierenden Auftakt vergessen und schafft so auf seine Weise ebenfalls ein «fein gesponnenes Gedicht». Blickt man von diesem, das kurz vor dem Buchende steht, auf das gesamte Buch 8 zurück, stellt man fest: Es ist in der Thematik und den intertextuellen Bezügen besonders abwechslungsreich. Eine Erklärung dafür könnte sein, daß das Buch in der Mitte der *Metamorphosen* steht. Exponiert wird es auch dadurch, daß es besonders «kallimacheisch» wirkt. Das wiederum gilt gleichfalls für Buch 8 von Vergils *Aeneis*, in dem schon mancher das schönste des Epos gesehen hat. Empfand der Verfasser von Buch 8 der *Metamorphosen* vielleicht ebenso?

Buch 9

1–438	*«HERCULEÏS»*
1–97	Ende der *«THESEÏS»*
4–88	*Erzähler Achelous:* Achelous und Herkules
98–133	Nessus
134–272	Tod des Herkules
	[182–199: H. zählt seine zwölf Taten auf]
273–399	*Rahmen:* Alkmene bei Iole
281b–323	*Erzählerin Alkmene:* Galanthis
326–393	*Erzählerin Iole:* Dryope
400–438	Verjüngung des Iolaus durch Hebe als «Präzedenzfall»
439–453	*Überleitung:* Miletus
454–665	Byblis
666–797	Iphis und Ianthe

Der Flußgott Achelous erzählt Theseus und dessen Mannen die letzte von seinen insgesamt vier Geschichten zu Anfang von Buch 9; er ist gewissermaßen über die Grenze zwischen den Büchern geströmt, so daß die «Theseïs» immer noch fortdauert. Da aber der athenische Held nichts weiter tut, als einen Mythos des Herkules-Sagenkreises anzuhören – Achelous schildert, wie er, Rivale des Herkules beim Werben um Deïanira, im Zweikampf mit dem Heros unterliegt und dabei das eine seiner beiden Hörner verliert –, darf man den ersten Vers von Buch 9 als den Beginn einer bis V. 438 reichenden «Herculeïs» ansetzen; Theseus verschwindet dann auch schon neun Verse nach der Achelous-Erzählung aus dem Geschehen (9.97). Danach setzt Ovid mit seiner Schilderung der Ereignisse, die auf das von dem Flußgott Berichtete folgten, seine «Herculeïs» fort, beschränkt sich aber auf zwei Episoden, die zu Tod und Apotheose des Helden führten: 1. die Tötung des sich an Herkules' Gattin Deïanira vergreifenden Kentauren Nessus, der ihr im Sterben sein mit Blut getränktes Gewand als angeblichen Liebeszauber schenkt; 2. die Sendung des Gewandes durch die auf Iole eifersüchtige Deïanira an Herkules. Bereits nach nur 60 Versen, welche die beiden Abschnitte umfassen, beginnt Ovids Version der Geschichte vom Lebensende des Helden. Als dieser das «Nessus-Hemd» angezogen hat, zerfrißt ihm das mit dem Gift der lernäischen Schlange vermischte Blut des Kentauren den Körper, er legt sich zum Sterben auf einen brennenden Holzstoß, und als die Flammen das an ihm Vergängliche verzehrt haben, wird der «bessere Teil seiner selbst» von Jupiter zum Himmel emporgetragen.

Von einer «Herculeïs» sollte man erwarten, sie werde eine ausführliche Schilderung der berühmten zwölf Taten des Heros enthalten. Ovid faßt die übermenschlichen Leistungen immerhin in einem Katalog zusammen, indem er sie von Herkules aufzählen läßt, als diesem klar wird, daß sein Leben zu Ende geht. Nach seinem Tod spricht auch seine Mutter Alkmene, als sie mit seiner einstigen Geliebten Iole zusammentrifft, über die «Arbeiten» (*labores*) des Helden, aber Ovid erwähnt das nur (9.277), um sich dann den *labores* der Alkmene zuzuwenden: Sie erzählt der Iole, welch große Mühen sie unmittelbar vor der Geburt des Herkules hatte und wie es nur durch eine List ihrer Dienerin Galanthis gelang, die Geburtsgöttin Lucina, welche die Niederkunft zu verhindern versuchte, zum Nachgeben zu bewegen. Von der Mannhaftigkeit des Herkules sind wir unversehens zu «women's talk» über Angehörige des Helden und deren Angehörige gelangt. Denn Iole kontert damit, daß sie schildert, wie ihre Schwester Dryope in einen Lotosbaum verwandelt wurde, weil sie Blumen von einem Baum pflückte, dessen Gestalt die Nymphe Lotis auf der Flucht vor Priapus annahm. Kaum hat Iole geendet, erscheint Iolaus, der Sohn von Herkules' Halbbruder Iphikles, und es zeigt sich, daß er von Hebe, der himmlischen Gattin des Helden und Göttin der Jugend, zu einem Knaben verjüngt worden ist. Das gibt Ovid Anlaß zu einem Bericht darüber, wie Jupiter einer Reihe von Göttern ihren Wunsch nach Verjüngung einzelner Sterblicher abschlägt, indem er darauf verweist, daß auch seine Söhne Äakus, Rhadamanthus und Minos zu Greisen werden mußten.

Die erneute Erwähnung des Kreterkönigs dient offensichtlich nur dem Zweck einer Überleitung von der «Herculeïs», die in ihrem zweiten Teil kaum noch als solche erkennbar war, zur Byblis-Geschichte, einem erotischen Mythos. Wie schafft Ovid es diesmal, die Verbindung zu knüpfen? Auf geradezu abenteuerliche Weise: Weil Minos schon so alt war, habe er sich vor dem starken Miletus gefürchtet und den Jüngling, obwohl er ihn als potentiellen Aufrührer verdächtigte, nicht zu verbannen gewagt. Miletus aber sei freiwillig nach Kleinasien geflohen, habe die nach ihm benannte Stadt gegründet, dort Kyaneë, die Tochter des Mäanderstromes, kennengelernt und mit ihr die Zwillinge Byblis und Caunus gezeugt. Eine solche Art von *transitus* fand Quintilian (um 35–nach 96), wenn er bei den Deklamationen in der Rhetorenschule hergestellt wurde, «frostig und kindisch». Im Falle Ovids sah er gesuchte Übergänge aber durch die Notwendigkeit entschuldigt, «die unterschiedlichsten Dinge als einheitliches Ganzes erscheinen zu lassen» (*Ausbildung des Redners* 4.1.77). Vielleicht wollte der Dichter mit seiner skurrilen Verknüpfungstechnik vor allem humorlose Leserreaktionen wie diese provozieren.

Die Byblis-Geschichte ist einer von zwei Mythen, in denen Ovid sich dem Thema «Inzest» widmet. Eine junge Frau liebt hier ihren Bruder, im Myrrha-Mythos (10.298–502) eine andere ihren Vater. Da dieser mit seiner Tochter schläft, weil er sie nicht erkennt, war es sicherlich eine gute Entscheidung Ovids, daß er den Stoff in einer spannenden Novelle behandelte und dabei narrativen Passagen breiten Raum gab. Seine Version des Byblis-Mythos dagegen hat der Dichter mit Elementen der erotischen Elegie ausgestattet. Denn das Bemühen dieser Frau, den von ihr geliebten Mann zur Gegenliebe zu bewegen, hat keinen Erfolg, und dieselbe Erfahrung macht auch immer wieder das in elegischen Gedichten sprechende Ich. An ein solches erinnert Byblis in den 122 von insgesamt 212 Versen, in denen wir ihre Stimme vernehmen. Drei «Elegien» verleihen ihren erotischen Gefühlen Ausdruck: ein Monolog, in dem sie sich wie Ovids *persona* in *Amores* 1.2 ihrer Liebe bewußt wird, ein Brief mit der Liebeserklärung an den Bruder,

der Ovids elegische Episteln mythischer Frauen, die *Epistulae Heroidum*, evoziert, und wiederum ein Monolog, in dem Byblis auf die Wirkungslosigkeit ihres Briefes reagiert; dazu vergleiche man *Amores* 1.12. Daß diese Frau sich vom schriftlichen Wort einen Zugang zu dem Geliebten erhofft, paßt zu ihrem Namen, da *býblos/bíblos* im Griechischen «Papyrus, Buch» bedeutet. Sie wird aber nicht in ein Buch, sondern in eine Quelle verwandelt: Nachdem sie, weil der Bruder die Flucht ergriffen hat, verzweifelt durch die Gebiete von drei Völkern geirrt ist, löst sie sich buchstäblich in Tränen auf. Wieder einmal wird eine Metapher «sichtbar gemacht».

Auf eine erotische Geschichte mit unglücklichem Ausgang folgt eine, die mit einer Hochzeit zum Abschluß kommt. Die Voraussetzungen der Handlung lassen freilich alles andere als ein Happy-End erwarten: Iphis, die Tochter des Ligdus, der sich einen Knaben gewünscht und erklärt hat, ein Mädchen müsse gleich nach der Geburt sterben, wird von ihrer Mutter Telethusa als Knabe aufgezogen und im Alter von dreizehn Jahren vom Vater mit einem Mädchen namens Ianthe verlobt. Zu allem Unglück verliebt sich Iphis in Ianthe. Als die Mutter, die immer wieder eine Verschiebung der Hochzeit erreichen kann, keinen Vorwand mehr dafür findet, bittet sie Isis um Hilfe, und die ägyptische Göttin bewirkt, daß Iphis, die Telethusa in den Isis-Tempel mitgenommen hat, sich in einen Knaben verwandelt. Auch mit dem Namen der Protagonistin dieser Geschichte treibt Ovid sein Spiel. Im Griechischen bedeutet *îphi* «mit Kraft». Das (auf einer älteren Sprachstufe mit einem *w* beginnende) Wort *ís*, von dem *îphi* als Adverb abgeleitet wurde, ist mit dem lateinischen Wort *vis* verwandt, das wie *ís* «Kraft» bedeutet, und *vis*, im Plural *vires*, muß eine Frau, die zum Mann, lateinisch *vir*, werden will, in erster Linie erwerben. Die Metamorphose der Iphis macht's möglich (786–791a):

Die Mutter geht aus dem Tempel, es folgt ihr als Begleiterin Iphis
mit größeren Schritten als gewohnt. Auch bleibt nicht die weiße Farbe
im Gesicht, die Kräfte (*vires*) vermehren sich, und schärfer ist sogar

der Blick, und kürzer und schmucklos der Haarschnitt,
und mehr Kraft (*vigor*) ist da, als sie als Frau hatte. Denn die du
eben noch eine Frau warst, bist jetzt ein Knabe.

Die Verwandlungsgeschichte endet zusammen mit Buch 9 wie ein griechischer Liebesroman, zum Beispiel die *Ephesischen Geschichten* des Xenophon von Ephesus (2. Jh. n. Chr.): Dort stehen am Schluß des letzten Satzes die Namen des Liebespaars, Habrokomas und Anthia, hier endet der letzte Vers des Originaltextes mit *Iphis Ianthe*.

Buch 10

1–11.84	*«ORPHEÏS»*	
1–85	Orpheus und Eurydike	
86–142	Katalog der Bäume; Apollo und Kyparissus	
143–739	*Erzähler Orpheus:*	
	148–154	Proöm
	155–161	Jupiter und Ganymedes
	162–219	Apollo und Hyakinthus
	220–242	Kerasten und Propötiden
	243–297	Pygmalion
	298–502	Myrrha
	503–739	Venus und Adonis
	560–707	*Erzählerin Venus:* Hippomenes und Atalanta

In seiner Geschichte von Orpheus und Eurydike, mit der Ovid das zehnte Buch der *Metamorphosen* eröffnet, stellt er durchgehend Bezüge zu der Fassung des Mythos in Vergils *Georgica* her (4.453–527). Mit Rücksicht darauf, daß der Protagonist einen Besuch im Reich der Toten wagt, dominiert in dem Text des Vorgängers Pathos, Ovid jedoch treibt sogar mit dieser düsteren Welt sein Spiel. Während Vergil seinen Orpheus schon beim Abstieg in die Unterwelt von bedrohlicher Finsternis umgeben sein läßt und durch schwere Spondeen andeutet, daß der Sänger langsam und vorsichtig einen Fuß vor den anderen setzt, erzeugt Ovid in den entsprechenden Versen durch auffällige Häufung von Daktylen die Vorstellung von einem munter fürbaß schreitenden Orpheus:

únd zum Haín, den Ángst und Graúen dúnkel umschaúern,
dríngt er vór ... (Verg. *Georg.* 4.468 f.)

Mítten durch flǘchtige Vö́lker und Schátten Bestátteter trát er
hín zu Perséphone ... (Ov. *Met.* 10.14 f.)

Das Lied, mit dem es Orpheus gelingt, Pluto und Persephone zur Freigabe der durch einen Schlangenbiß in die Ferse getöteten Eurydike zu gewinnen, hat Vergil nicht in eigenen Versen nachzuahmen versucht – vermutlich, um implizit zu sagen, daß ein irdischer Sänger wie er nicht über dieselbe Macht der Worte und Töne verfügen kann wie der Sohn der Muse Kalliope. Ovid wiederum läßt Orpheus einfach eine nach den Regeln antiker Rhetorik gegliederte Rede vortragen und ihn am Schluß in juristischem Sprachgebrauch das «Recht auf Nutzung» der Gattin fordern, sie also nur als Leihgabe erbitten. Bei ihrem Erscheinen hinkt sie offenbar infolge der Fußverletzung, denn Ovid schreibt lautmalerisch (10.48 f.):

umbras erat illa recentes
inter et incessit passu de vulnere tardo.
(Sie war unter den neuangekommenen Schatten und ging einher mit von der Wunde langsamem Schritt)

Als Orpheus seine Gattin wieder verloren hat, weil er sich trotz des ihm auferlegten Verbotes nach ihr umdrehte, trauert er bei Vergil sieben Monate und verzichtet auf neue Liebe. In den *Metamorphosen* begnügt der Sänger sich mit sieben Tagen. Zwar ändert auch er seine Einstellung zum Eros, aber nur partiell: Er enthält sich künftig der Frauen und wird «ersatzweise» in seiner Heimat Thrakien zum Begründer der Päderastie. So beschwört er sein baldiges Verderben herauf. Doch bevor wir zu Beginn von Buch 11 lesen, wie die von ihm zurückgewiesenen Thrakerinnen ihn in ihrer Raserei zerstückeln – Ovid hat, wie man sieht, die Grenze zwischen der zweiten und dritten Pentade durch eine «Orpheïs» überbrückt –, vernehmen wir bis zum Ende von Buch 10 ein langes Lied des Heros. Er singt unter freiem Himmel an einem Ort ohne Schatten, aber da er auch die Natur zu bezaubern vermag, wird dem Mangel sogleich abgeholfen: Es erscheinen verschiedene Bäume, was wiederum Ovid die Gelegenheit gibt, sie in einem Katalog aufzuzählen. Zuletzt nennt er die Zypresse und erzählt, sie sei einst ein von Apollo geliebter Knabe namens Kyparissus gewesen. Dieser hatte einen von ihm über alles geliebten zahmen Hirsch aus Versehen getötet und war in seiner Trauer darüber zu dem Baum geworden, der die Trauer symbolisiert.

Als Finale der zweiten Pentade rekapituliert der Gesang des Orpheus Motive, die Ovid in den Büchern 6–10 behandelt. Aber der Sänger begnügt sich mit erotischer Thematik, indem er, wie er eingangs verkündet, über «von Göttern geliebte Knaben und von Mädchen» singt, «die, von verbotenen Flammen ihrer Sinne beraubt, Strafe verdienten für ihre Lust» (10.152–154). Von beidem war schon vorher die Rede: Zu den von Göttern geliebten Knaben gehörte Kyparissus, und Orpheus wird von Jupiter und Ganymedes sowie von Apollo und Hyakinthus künden. Verbotene Liebe war das Thema des Byblis-Mythos, und mit ihm hat, wie bereits gezeigt, die Myrrha-Geschichte das Inzest-Motiv gemeinsam. Die Beschränkung auf Liebesgeschichten erlaubt Orpheus überdies, immer wieder implizit auf seine eigene Erfahrung mit dem Eros Bezug zu nehmen. Wie der Sänger verzichtet Pygmalion auf die Liebe zu Frauen – er wird abgeschreckt durch die Propötiden, die durch die von ihnen mißachtete Liebesgöttin zunächst zur Prostitution verdammt und dann in Steine verwandelt werden –, und an den Verstoß des Orpheus gegen ein göttliches Verbot erinnert ein Motiv der Geschichte von Adonis: Venus warnt den von ihr geliebten Knaben davor, sich auf der Jagd an wilde Großtiere zu wagen, und er wird dann von einem Eber getötet. Bevor dies geschieht, erzählt die Göttin dem Adonis die Geschichte von Hippomenes, der Atalanta durch eine von Venus ermöglichte

List im Wettlauf besiegte und so für sich gewann, dann aber der Göttin zu danken vergaß und bestraft wurde: Von ihr in sexuelle Erregung versetzt, schläft er mit Atalanta in einem Tempel, woraufhin Kybele beide in Löwen verwandelt.

Wie das Finale zur ersten Pentade enthält auch dasjenige zur zweiten immanente Poetik des selbstreflexiven *Metamorphosen*-Dichters. Besonderes Interesse verdient im Zusammenhang damit Ovids Version des Mythos von Pygmalion. Von den Frauen enttäuscht, verfertigt dieser aus Elfenbein eine weibliche Figur, die wie ein wirkliches Mädchen aussieht, und verliebt sich dann in sie. «So sehr verbirgt sich Kunst in der eigenen Kunst», bemerkt der Erzähler Orpheus zu dem Ergebnis von Pygmalions bildhauerischem Geschick (10.252) und bezeichnet damit treffend das von Ovid offensichtlich vertretene Ideal poetischer Mimesis der Realität. Erstmals sehr kunstvoll hat der Dichter es in seinen *Amores* verwirklicht, indem er die von seiner *persona* geliebte Corinna so lebensecht darstellte, daß sie, wie er in 3.12 behauptet, zahlreiche Rivalen anzog. Freilich gilt auch für diese Frau wie für die Elfenbeinfigur des Pygmalion, daß sie ein Konstrukt ist, ein Ergebnis von «womanufacture» (Alison Sharrock). Vor dem Hintergrund der Gattung «erotische Elegie» kann man die Pygmalion-Geschichte also als metapoetische Parabel lesen. Der Schöpfer eines weiblichen Wesens verliebt sich in sein Geschöpf, und so ist es ja auch mit dem Elegiker, der als Autor die elegisch Geliebte konstruiert und sie dann in der Rolle des Liebenden begehrt.

Pygmalion beginnt seine Liebesbekundungen damit, daß er die Elfenbeinfigur küßt, mit ihr redet, sie im Arm hält und ihr überdies Geschenke bringt. In einer ähnlichen Situation wie er befindet sich der Ich-Sprecher in der Elegie 1.3 des Properz, als er einmal in später Nacht betrunken zu seiner Cynthia kommt und sie schlafend findet. Zwar wagt er nicht, die Geliebte zu berühren, ihr Küsse zu geben und «den Speer zu ergreifen», aber er tut folgendes (21–26):

Und bald löste ich von meiner Stirn die Kränze
  und legte sie um deine Schläfen, Cynthia,

bald freute ich mich daran, die herabgeglittenen Haare zu ordnen,
jetzt gab ich verstohlen mit hohlen Händen dir Äpfel.
Und alle Geschenke gab ich dem undankbaren Schlaf,
Geschenke, die vom Abhang der Brust oftmals herabrollten.

Ähnlich verhält sich Pygmalion (10.259–263b):

Und bald schmeichelt er, bald bringt er ihr Geschenke, die Mädchen
willkommen sind: Muscheln, glatte Steinchen
und kleine Vögel und Blumen in tausend Farben,
Lilien, bunte Bälle und die vom Baum getropften
Tränen der Heliaden [= Bernsteine].

Zum Beschenken gehört auch, daß Pygmalion der Figur Kleider anzieht, Ringe an die Finger steckt und sie mit Schmuck behängt. Er geht aber noch weiter (10.266–269):

Das alles steht ihr, doch auch nackt erscheint sie nicht weniger schön.
Er legt sie auf Decken, die mit sidonischem Purpur gefärbt sind,
und er nennt sie seine Bettgenossin, und den aufgerichteten Nacken
legt er zurück auf die weichen Federn, als würde dieser es spüren.

Auf all das reagiert die künstlich geschaffene Frau natürlich nicht, verhält sich also wie die vom Elegiker konstruierte Geliebte, die sich ihrem Verehrer gegenüber hart und unnachgiebig zeigt. Doch für Pygmalion ändert sich diese Situation. An dem auf Zypern, wo er wohnt, festlich begangenen Feiertag der Venus bittet er die Göttin, sie möge bewirken, daß seine Gattin dem elfenbeinernen Mädchen gleiche. Als er dann wieder zu seiner Figur gekommen ist, verwandelt sie sich in eine Frau aus Fleisch und Blut, er küßt sie, sie errötet, schaut ihm ins Auge und «sieht zugleich mit dem Himmel den, der sie liebt» (10.294). So mancher Mann, der sich im Geiste eine Frau konstruiert, mag wünschen, daß sie in dieser Weise zu ihm wie zu einem Gott aufblickt.

3. Die dritte Pentade

Stand am Anfang der ersten Pentade der Weltschöpfer, dessen Werk Jupiter in der Großen Flut versinken ließ, und zu Beginn der zweiten Pentade Arachne, deren Gewebe Minerva zerstörte, so wird nun die dritte Pentade mit der Tötung des Orpheus durch thrakische Frauen eröffnet (Diese verwandelt Bacchus in Bäume). Darauf folgt die Karikatur eines Künstlers: König Midas, dem der Weingott gewährt, daß alles, was er berührt, zu Gold wird, freut sich anfangs seiner «Kunst». Aber weil er zwangsläufig auch Speise und Trank vergoldet, muß er Bacchus bitten, ihm die Gabe wieder zu nehmen, und als er dann auch noch in einem Gesangswettbewerb zwischen Apollo und Pan nicht wie Schiedsrichter Tmolus den Olympier, sondern den Hirtengott zum Sieger erklärt, versieht Apollo ihn mit Eselsohren. Zusammen mit der Sage vom Tod des Orpheus bildet die Midas-Geschichte innerhalb der mythologischen Weltgeschichte die Überleitung zur historischen Zeit. Diese läßt Ovid mit der Erbauung der Mauern Trojas beginnen (11.199 f.), um nach längerem Verweilen in der Epoche des Trojanischen Krieges sowie bei den Irrfahrten und Kämpfen des Äneas über die Reihe der albanischen Könige, Romulus und Numa in die Zeit der frühen Republik und von da rasch in die eigene Gegenwart zu gelangen.

Buch 11

1–84	Tod des Orpheus
85–193	Midas
194–13.622	*«TROJA-EPOS»*
194–220	Gründung Trojas; Hesione
221–265	Peleus und Thetis
266–409	Peleus
291–345	*Erzähler Keyx:* Dädalion und Tochter Chione
410–748	Keyx und Alkyone
749–795	*Anonymer Erzähler:* Äsakus und Hesperie

Als die thrakischen Frauen zu Beginn von Buch 11 ihren Angriff auf Orpheus eröffnen, wirft eine von ihnen einen Stein. Doch diesen bezwingt mitten in der Luft der Einklang der Stimme mit der Lyra, und er bleibt, «als ob er um Gnade für ein so rasendes Unterfangen bitten wolle», zu Füßen des Sängers liegen (11.10–13). Man kann sich die Szene bestens in einem Trickfilm vorstellen, und das gilt auch für den Schluß der Geschichte von Orpheus: Zu seiner Eurydike in die Unterwelt zurückgekehrt, geht er im Gleichschritt bald hinter ihr, bald vor ihr, wobei er sich ohne Risiko nach ihr umdreht (11.63–66). Auch die Midas-Geschichte endet mit einer heiteren Pointe: Der Friseur des Königs, der als einziger bemerkt, daß sein Herr unter der Tiara Eselsohren verbirgt, aber nicht wagt, dies zu verraten, vertraut sein Wissen einem Erdloch an, woraufhin ein daraus hervorwachsendes Gebüsch der Welt das Geheimnis zuflüstert (11.180–193). Erwartet man, wenn Ovid anschließend vom Bau der Mauern Trojas berichtet, der Dichter werde das dadurch eingeleitete Geschehen mit der von dem epischen Stoff gebotenen Ernsthaftigkeit und entsprechend pathetisch vergegenwärtigen? Schwerlich. Nachdem Ovid kurz erzählt hat, wie Trojas erster König Laomedon die Götter und Herkules betrügt, der Held die Stadt erobert und sein Kampfgenosse Telamon Hesione, die Tochter des Laomedon, als Ehrengabe erhält, verwendet der Dichter plötzlich wieder eines der von ihm favorisierten Motive: Vergewaltigung. Außerdem präsentiert er uns damit wieder einen Rollentausch, da diesmal die Frau eine Unsterbliche ist – die Meergöttin Thetis –, der Mann dagegen ein Mensch: Peleus, der Bruder Telamons.

Peleus zeugt mit Thetis, wie wir am Ende der Vergewaltigungsgeschichte erfahren (11.265), Achilles, den größten Helden im Kampf um Troja. Wird uns damit ein Stichwort für den weiteren Verlauf der Erzählung gegeben? Ovid, der in seiner Version der Troja-Sage gerade ausführlich bei einem erotischen Mythos verweilt hat, wäre nicht Ovid, wenn er jetzt gleich zu den Heldentaten des Achilles übergehen würde. Aber auch die erotische Geschichte vom Raub der Helena schließt er hier nicht an. Nein, er bleibt erst einmal bei Peleus, mit dem er sich außerhalb des trojanischen Sagenkreises begibt, un dem Beginn von Buch 12 dorthin zurückzukehren. De des Achilles, so lesen wir jetzt, muß, weil er seinen Bru Phokus getötet hat, aus der Heimat fliehen. König Keyx von Trachis, der ihn gastlich aufnimmt, erzählt ihm die Geschichte von seinem Bruder Dädalion: Dessen Tochter Chione, von Merkur und Apollo vergewaltigt, hatte Zwillinge geboren und sich deswegen über Diana gestellt; sie war von der Göttin getötet worden, den Vater aber, der sich in seiner Trauer vom Gipfel des Parnaß stürzte, verwandelte Apollo in einen Habicht. Nachdem Peleus von der Metamorphose gehört hat, wird er Zeuge einer weiteren. Unter der von ihm aus der Heimat mitgebrachten Schaf- und Rinderherde, die er vor den Mauern von Trachis zurückließ, hat inzwischen ein Wolf ein Blutbad angerichtet. Das Tier wurde von der Meergöttin Psamathe, der Mutter des Phokus, aus Rache für den Mord an ihrem Sohn geschickt, aber Peleus erreicht durch ein Gebet, daß der Wolf sich vor seinen Augen in ein Marmorbild verwandelt.

Auf diese Geschichte folgt eine der längsten innerhalb der *Metamorphosen*: der Mythos von Keyx und Alkyone. Darüber gerät jedoch nicht gänzlich in Vergessenheit, daß Ovid bereits mit der Geschichte Trojas begonnen hat. Denn der Dichter findet eine Gelegenheit, ausführlich auf Homer anzuspielen. Das erfolgt im Rahmen der Schilderung eines Sturmes, in den Keyx gerät, als er sich übers Meer zum Apollo-Orakel auf der Insel Klaros begibt. Indem Ovid detailliert beschreibt, wie das Schiff des Königs von tobenden Winden und Wellen versenkt wird, knüpft er wie Vergil in Buch 1 der *Aeneis* an eine von Homer in der *Odyssee* begonnene epische Tradition an. Da der Autor der *Metamorphosen* aber gerade überkommene Motive mit Vorliebe zum Gegenstand seines literarischen Spiels macht, begnügt Ovid sich nicht damit, das Naturereignis als solches zu schildern. Er erweitert die Schilderung durch intertextuelle Bezüge zu mehreren poetischen Werken und verfolgt damit offensichtlich das Ziel, das grandiose Gemälde eines Sturmes zu schaffen, «that will out-storm all storms that have ever raged on the pages of previous literature» (Daniel Arnaud, *Aspects*,

140 f.). Wie Ovid dabei vorgeht, soll ein Textbeispiel belegen. Als er erzählt, wie das Schiff von Wasser überflutet wird, vergleicht er eine Woge zunächst mit wilden Löwen, die alle ihre Kräfte zusammennehmen, um mit der Brust gegen Speere anzurennen, und wenig später zieht der Dichter noch folgenden Vergleich (11.525b–532):

Wie ein Krieger, der besser ist als alle anderen,
wenn er mehrfach die Mauern der verteidigten Stadt bestürmt hat,
endlich das Erhoffte erreicht und, brennend vor Liebe zum Ruhm,
als einziger unter tausend Mann dann doch die Mauer erklimmt,
so stürzte und stürmte, als die Fluten neunmal geschlagen hatten
die hohe Bordwand, mächtiger sich erhebend, die zehnte Welle heran.
Und nicht eher hört sie auf, gegen den müden Kiel anzukämpfen,
bis sie gleichsam in den Mauerring des eroberten Schiffs hinabsteigt.

In der griechischen Dichtung gilt die dritte Woge (*trikymía*) als die gefährlichste, hier dagegen gelingt es erst der zehnten, das Schiff zu «erobern». Es liegt nahe, an die Einnahme Trojas im zehnten Kriegsjahr zu denken. Das bietet sich auch deswegen an, weil Ovid mit den zitierten Versen offensichtlich auf eine Stelle in der *Ilias* anspielt, an der von dem kämpfenden Hektor die Rede ist und ebenfalls Vergleiche gezogen werden (15.623–631):

Aber der, allseits leuchtend von Feuer, sprang hinein in die Menge
und fiel ein, wie wenn eine Woge in ein schnelles Schiff fällt,
ungestüm, unter Wolken, windgenährt. Jenes aber ist ganz
von Schaum bedeckt, und des Windes fürchterliches Wehen
faucht hinein in das Segel, und es zittern im Herzen die Schiffer,
sich fürchtend; denn nur knapp werden sie dem Tod entrückt:
So wurde zerrissen der Mut in der Brust der Achaier.
Aber der, wie ein Löwe verderbensinnend Rinder angreift …

Hatte Homer den Krieger Hektor mit einer Woge und einem Löwen verglichen, so vergleicht nun Ovid eine Woge mit Löwen und eine weitere mit einem Krieger. Auf diese Weise «präfiguriert» der römische Dichter den Trojanischen Krieg. Gleichzeitig läßt er Keyx, der während des Seesturms in den Wellen ertrinkt, auf einer metaphorischen Sinnebene des Textes zu einem Kriegsopfer werden. Das mag paradox erscheinen, wenn man bedenkt, daß die Liebe des Königs und seiner Frau zueinander als eine elegische dargestellt wird. Denn in der Welt der Elegie meidet der liebende Mann ganz bewußt das Schlachtfeld und begnügt sich damit, «Kämpfe» im Bett auszutragen. Aber Keyx hat sich durch Alkyone nicht davon abhalten lassen, die Fahrt anzutreten, die ihn dann in den «Krieg» seines Schiffes gegen Winde und Wogen führte. Sie war in Tränen ausgebrochen, als sie hörte, daß Keyx eine Seereise plane, und hatte ihn davor gewarnt, ebenso wie Properzens und Ovids Ich-Sprecher ihren Geliebten, die ein Schiff besteigen wollen, die Gefahren des Meeres ausmalen (Prop. 1.8; Ov. *Am.* 2.11). Als der König ihr dann Lebewohl gesagt hatte, war Alkyone ohnmächtig zu Boden gesunken, und während er davonfuhr, hatte sie ihm so lange nachgeblickt, wie sie noch die Segel erkennen konnte, um sich sofort danach auf das gemeinsame Bett zu legen und erneut in Tränen auszubrechen. All das erinnert an Szenen des Abschieds von einem geliebten Mann, wie sie mehrere Heroinen in Ovids elegischen Episteln mythischer Frauen beschreiben. Die Geschichte von Keyx und Alkyone evoziert also in vielfacher Hinsicht die Gattung Elegie.

Nachdem Alkyone durch ein nächtliches Traumbild erfahren hat, daß ihr Mann auf dem Meer ums Leben gekommen ist, begibt sie sich frühmorgens an den Strand und sieht, wie der Körper des Ertrunkenen von den Wellen herangetrieben wird. Sie will sich ins Wasser werfen, verwandelt sich aber dabei in einen Eisvogel, und während sie mit ihren Flügeln den Leichnam umfängt und ihn mit dem Schnabel küßt, wird auch Keyx zum Eisvogel. Nach Abschluß des Mythos über das Ehepaar läßt Ovid einen namentlich nicht genannten Erzähler über eine weitere Metamorphose eines Menschen in einen Vogel berichten: Äsakus liebt Hesperië, sie aber flieht vor ihm, wird dabei von einer giftigen Schlange in den Fuß gebissen und stirbt. In seiner Verzweiflung darüber stürzt Äsakus sich ins Meer, aber die Göttin Tethys verwandelt ihn in einen Tauchervogel. Es wurde bereits gezeigt, wie Ovid durch diese Geschichte, mit der Buch 11 endet, zu seiner Darstellung des Trojanischen Krieges überleitet (S. 25 f.).

Buch 12

1–38	Die Griechen in Aulis
39–63	Das Haus der Fama
64–145	Achilles und Kyknus
146–579	Die Griechen beim Gelage
182–535	*Erzähler Nestor:* Käneus; Lapithen und Kentauren
542–576	*Erzähler Nestor:* Periklymenus
580–619	Tod des Achilles
620–628	Waffenstreit: Vorbemerkung

Von den Ereignissen, die dem Kampf um Troja vorausgehen, behandelt Ovid nur das Geschehen in Aulis: Kalchas sagt den Griechen anhand eines Vorzeichens neun Kriegsjahre voraus, und Diana vertauscht Iphigenie, die ihr geopfert werden soll, mit einer Hirschkuh. Der Dichter hat vor seinen Bericht über all das, was auf die Landung der Griechen folgt, eine Beschreibung des Hauses der Fama gesetzt. Von dem personifizierten Gerücht spricht schon Vergil in der *Aeneis*. Aber während es dort als gefiedertes Monstrum mit vielen Augen, Ohren und Zungen in Erscheinung tritt, ist Ovids Fama, die eine Art Behörde zur Verbreitung von Wahrem und Erfundenem leitet, für den Leser unsichtbar, also offenbar ein rein akustisches Phänomen. Nun bedeutet das lateinische Wort *fama* außer «Gerücht» auch «Ruhm» und «Überlieferung». Da Ovid Ereignisse darstellen wird, die seinen Zeitgenossen als historisch galten, mag man sich daran erinnern, daß für römische Historiker Ruhm auf Mannestugend (*virtus*) beruht und sie die Überlieferung von Taten, über die sie berichten, als glaubhaft ausgeben. Beides ist natürlich nicht unproblematisch, und es könnte sein, daß Ovid durch seinen Fama-Exkurs implizit darauf hinweist.

Jedenfalls wird sich zeigen, daß Achilles, der für *virtus* und Heldentum in der Antike besonders berühmt war, seinen Gegner Kyknus ausgesprochen unheldenhaft tötet. Und was die Überlieferung betrifft, sind Ovids Zeitzeugen, die er direkt zu Wort kommen läßt, nicht unbedingt zuverlässig: Es sind Nestor, der ein Schwätzer ist, sowie Odysseus und Ajax, die, weil sie in einem Redestreit von ihren Taten sprechen, die Fakten jeweils zu ihren Gunsten verfälschen.

Der Zweikampf zwischen Achilles und Kyknus ist der einzige im Trojanischen Krieg, von dem Ovid erzählt. Kyknus erweist sich als unverwundbar, weshalb seine Rüstung ihn nur schmückt, und weil man seine Haut nicht einmal ritzen kann, rast Achilles wie ein Stier in der Arena. Nur um zu beweisen, daß sein Mißerfolg nicht dem eigenen Unvermögen zuzuschreiben ist, tötet er «nebenbei» einen Lykier, woraufhin er Kyknus auf sehr fiese Weise umbringt: Er drückt ihn mit Schild und Knie zu Boden, um ihn dann mit den Helmriemen zu erdrosseln. Als er ihn zum Zeichen seines Sieges entwaffnen will, sieht er diese heroische Geste dadurch in Frage gestellt, daß der Leib des Gegners gerade in den eines Schwanes verwandelt worden ist. Immerhin beschert das Duell den Griechen für viele Tage eine Ruhepause. Man darf allerdings fragen, ob sie sich diese wirklich schon verdient haben, zumal sie sich dann mit gebratenem Fleisch vollstopfen, durch Wein Sorgen und Durst lindern und sich über Heldentaten unterhalten, statt sie zu vollbringen. Nachdem Ovid dieser Phase des Geschehens 434 Verse, also mehr als die Hälfte des Buches, gewidmet hat – er läßt hier ausführlich Nestor zu Wort kommen und von Ereignissen erzählen, die in die Zeit vor dem Trojanischen Krieg fallen –, berichtet er gleich vom Tod des Achilles, so daß uns nicht nur die ersten neun Kriegsjahre, sondern auch der Zeitabschnitt im zehnten Jahr, den Homer in der *Ilias* behandelt, vorenthalten werden. Daraus darf man folgern: Als Ersatz für eine neue Version der Darstellung des Epos bekommen wir die Erzählungen des geschwätzigen Nestors präsentiert.

Der Pylier beginnt, weil er ein Gegenstück zur Kyknus-Geschichte bieten will, mit dem Mythos von Känis, die, gerade eben von Neptun vergewaltigt, sich wünschte, in einen Mann verwandelt zu werden, und nicht nur das, sondern auch die Unverletzlichkeit gewährt bekam. Dann verweilt Nestor ausführlich beim Kampf der Lapithen und Kentauren, an dem auch Känis als Käneus teilnahm – er wurde dadurch getötet, daß man ihn unter der Last von Baumstämmen ersticken ließ, verwandelte sich aber in einen Vogel –, und schließlich erzählt der Pylier noch, wie sein Bruder Periklymenus, der alle Gestalten anzunehmen vermochte, als Adler von Herkules getötet wurde. Die «Saalschlacht» der Lapithen und Kentauren besteht überwiegend aus Zweikämpfen. Da auch in Homers *Ilias* vor allem gekämpft wird (in 18 von 24 Büchern!), ist leicht erkennbar, daß Ovid das Epos in seinen Versen über das Gemetzel während der Hochzeit des Lapithenkönigs Pirithous mit Hippodame spiegelt. Auf eines wurde bereits im Zusammenhang mit der Perseus-Geschichte hingewiesen: Ovid führt, wenn er das Treiben aufeinander einschlagender Recken beschreibt, die Kampfszenen Homers und Vergils ad absurdum. Schon bei beiden Epikern gibt es manche Schilderung mehr als gräßlicher Todesarten, aber wie Ovid einen Sturm als Sturm der Stürme darbietet, so übertrumpft er auch bei der Präsentation sterbender Krieger alles bisher Dagewesene. Das Groteske des Geschehens unterstreicht er, indem er seine «Helden» zunächst zu Gegenständen greifen läßt, die bei einem Festmahl rasch zur Hand sind; sie reichen vom Becher über das Hirschgeweih bis zum Baumstamm.

Der Kentaur Amykus zum Beispiel holt sich seine Waffe von einem Altar (12.246b–253):

Als erster riß er von dem Heiligtum
einen Leuchter, der mit strahlenden Kerzen dicht besetzt war,
hob ihn in die Höhe wie einer, der den schneeweißen Nacken
eines Stiers zerschmettern will mit dem Opferbeil,
schmetterte ihn an die Stirn des Lapithen Keladon, und nur Knochen,
eine wirre Masse im nicht mehr erkennbaren Gesicht, ließ er übrig.
Heraus sprangen die Augen, zertrümmert waren die Gesichtsknochen,
nach hinten gedrückt war die Nase und klebte mitten im Gaumen.

Gibt es etwas Ekelhafteres? Bei Ovid schon. Als auf den Kentauren Dorylas ein Wurfspieß zufliegt, geschieht dies (12.385b–392):

Weil er ihm nicht ausweichen konnte,
hielt er sich die Hand vor die Stirn, die die Wunde zu erleiden drohte:
Geheftet wurde an die Stirn ihm die Hand. Er schreit, doch ihn,
der innehält, überwältigt von der bitteren Wunde, durchbohrt Peleus
(denn er stand ihm näher) mitten durch den Bauch mit dem Schwert.
Er sprang vor, schleifte tobend auf der Erde seine Eingeweide nach,
trat darauf, während er sie schleifte, zerriß sie, weil er darauf trat,
verfing sich darin mit den Beinen und fiel nieder mit leerem Bauch.

Ovid ist aber auch immer wieder für eine gänzlich unerwartete Überraschung gut. Von den eben zitierten Versen geht er mit der direkten Anrede an einen schönen, jungen Kentauren namens Kyllarus zu ihm und seiner Hylonome über und unterbricht, indem er von der Liebe der beiden erzählt, das nicht enden wollende Gemetzel durch ein Rührstück. Die Liebenden, die beide am Kampf teilnehmen, haben einen Pferdeleib, aber auch mit einem solchen kann eine hübsche Kentaurin, die ihren Schwarm bezaubern will, attraktiv sein. Sie sorgt dafür (12.409–415),

daß die Mähne glatt ist vom Kamm,
daß sie sich bald mit Rosmarin, bald mit Veilchen oder Rosen
bekränzt, zuweilen schneeweiße Lilien trägt,
zweimal am Tag in Quellen, die von der Höhe des pagasäischen
Waldes herabfließen, das Gesicht wäscht, zweimal im Fluß badet
und nur Felle, die ihr stehen und von auserlesenen Tieren stammen,
auf der Schulter oder an der linken Seite trägt.

Da Kyllarus und Hylonome einander gleich stark lieben, sterben sie auch gemeinsam: Als er von einem Speer tödlich getroffen wird, nimmt sie ihn in den Arm, wärmt mit der Hand seine Wunde, küßt ihn, um seinen fliehenden Lebensatem aufzuhalten, und stürzt sich in den Speer, der ihn durchbohrt hat. Die Szene dürfte in Buch 12 die einzige sein, die Ovid-Freunde wirklich gerne lesen. Vielleicht ist das Buch, das fast nur von

Kämpfen berichtet, mit seinen 628 Versen nicht zufällig das kürzeste der *Metamorphosen*.

Buch 13

1–398	Waffenstreit			
	5b–122	*Rede des Ajax*		
	128–380a	*Rede des Odysseus*		
399–575	Hekuba			
576–622	Memnon			
623–14.608	*«AENEÏS»*			~ Vergil, *Aeneis*
	623–627	Aufbruch von Troja	[5]	~ Buch 2
	628–631	Von Antandros bis Delos	[4]	~ 3.1–120
	632–704	*Anius-Rahmen*	[73]	
	644–674	*Erzähler Anius:* Töchter des Anius		
	685–699	*Bildbeschreibung:* Töchter des Orion		
	705–734	Von Delos bis Sizilien	[30]	~ 3.121–718
	735–14.74	*Skylla-Rahmen*	[308]	
	740–897	*Erzählerin Galatea:* Akis und Galatea		
	898–968	Skylla und Glaukus [917–965: G. *erzählt*]		

Nachdem Ovid gegen Ende des zwölften Buches vom Tod des Achilles berichtet hat, leitet er mit wenigen Versen zum ersten Abschnitt von Buch 13 über. Hier tragen Ajax und Odysseus, die beide Anspruch auf die Waffen des Peliden erheben, ihre Argumente jeweils in einer längeren Rede vor. Es ist die eher aus schwankhafter Literatur und Komödien bekannte Streitsituation «Faust gegen Stirn», die wir hier geboten kriegen: Ajax, der trutzige Recke, beruft sich vor allem auf seine überragende Kampfkraft und stellt seinen Widersacher als Ränkeschmied und Lügner hin. Odysseus dagegen verläßt sich auf seine ausgeklügelte Rhetorik, benötigt daher auch 135 Verse mehr als Ajax und erringt den Sieg. Gemeinsam haben beide, daß sie, wenn sie auf Kriegsereignisse zu sprechen kommen, die «Tatsachen», soweit sie uns durch Homer überliefert werden, im eigenen Interesse nicht ganz korrekt wiedergeben. Betrachten wir als Beispiel V. 70–81 der Ajax-Rede vor dem Hintergrund von *Ilias* 11.401–497. Homer erzählt dort:

Odysseus, der zusammen mit Diomedes Hektor vorübergehend kampfunfähig gemacht hat, sieht sich, als auch Diomedes verwundet und außer Gefecht gesetzt ist, von den Trojanern umringt. Er tötet sechs von ihnen, wird dabei verwundet und bittet laut um Hilfe. Menelaus hört ihn, ruft Ajax und eilt mit ihm herbei. Neben Odysseus, der tapfer kämpft, tritt Ajax mit dem Schild, woraufhin die Trojaner fliehen. Während Menelaus den verwundeten Odysseus aus der Menge zu seinem Gespann geleitet, setzt Ajax den Kampf mit den Trojanern fort und führt wieder eine Wende zugunsten der Griechen herbei.

Das referiert Ovids Ajax wie folgt:

Es blicken mit gerechten Augen die Himmlischen auf Sterbliches:
Sieh an, es braucht Hilfe er, der sie nicht brachte. Wie er andere im Stich ließ,
so hätte man ihn im Stich lassen sollen. Er hatte sich selbst das Urteil gesprochen.
Er ruft die Gefährten; ich bin da und sehe ihn zittern,
bleich vor Angst und sich fürchtend vor dem Tode.
Ich hielt meinen Riesenschild vor ihn, deckte ihn, wie er da lag,
und rettete – das bringt mir sehr wenig Ruhm – seine feige Seele.
Bestehst du auf einem Wettstreit, laß uns an jenen Ort zurückkehren!
Laß wieder da sein den Feind, deine Wunde und die gewohnte Angst,
hinter dem Schild verbirg dich, miß dich mit mir in seinem Schutz!
Doch nachdem ich ihn herausgerissen hatte, ist er, dem die Wunden die Kraft zum Stehen
nicht gelassen hatten, von keiner Wunde behindert davongelaufen.

Für Ovids Zeitgenossen, die ihren Homer in- und auswendig kannten und vermutlich auch über die (in den beiden Reden ebenfalls evozierten) vor- und nachiliadischen Ereignisse Bescheid wußten, dürfte es ein unterhaltsames Spiel gewesen sein, die subjektive Schilderung einzelner Szenen des Trojanischen Krieges durch Ajax und Odysseus mit der «Wahrheit» zu vergleichen.

Ovids Version der Troja-Sage, die bereits mit V. 194 in Buch 11 begonnen hat, nimmt auch noch in Buch 13 zwei Drittel des Textes ein. Wie in Buch 12 haben alle Ereignisse mehr oder weniger mit Achilles zu tun. Auf den Streit des Ajax und Odysseus um die Waffen des Peliden folgt der Selbstmord des Verlierers im Rededuell, dann muß Hekuba, die Witwe des Priamus, die Einnahme Trojas und danach, als Teil der Beute des Odysseus bereits nach Thrakien verschleppt, die vom Geist des Achilles geforderte Opferung ihrer Tochter Polyxena erleben. Immerhin erhält sie kurz darauf Gelegenheit, sich an der Ermordung ihres Sohnes Polydorus zu rächen: Sie kratzt seinem Mörder, dem Thrakerkönig Polymestor, dem Polydorus während des Krieges zusammen mit großen Reichtümern als Pflegesohn anvertraut worden war, die Augen aus. Anschließend wird sie in eine Hündin verwandelt, und dann rundet Ovid seine «Achilleïs» damit ab, daß er erzählt, was mit der Leiche des von dem Peliden getöteten Helden Memnon geschah: Zu Asche verbrannt, wurde sie auf Bitten seiner Mutter Aurora von Jupiter in eine Schar von Vögeln verwandelt, die sich über dem Scheiterhaufen in zwei Parteien spalteten und beim Kampf dieser beiden Parteien umkamen; daraus entstand ein sich alljährlich wiederholendes Ritual. Das ist jedoch nicht das letzte, was wir bei Ovid über die Geschichte Trojas lesen. Denn direkt an die Sage von den Memnoniden, wie die Vögel genannt werden, knüpft der Dichter seine Version einer «Aeneis» an, indem er zunächst kurz berichtet, wie Äneas mit Vater Anchises, seinem Sohn Askanius sowie den Penaten Troja verläßt und über Thrakien nach Delos gelangt.

Wie nicht anders zu erwarten, evoziert Ovid durch seine «Aeneis», die sich über das letzte Drittel des dreizehnten und gut zwei Drittel des vierzehnten Buches erstreckt, das Epos Vergils. Aber das, was dieser erzählt, faßt Ovid so kurz wie möglich zusammen, wobei er kaum berücksichtigt, daß Vergil seinen Helden als einen den Göttern und Menschen gegenüber stets ehrfürchtigen und treuen Mann (*pius Aeneas*) darstellt, den Schicksalssprüche (*fata*) von Troja nach Latium zu fahren heißen. Dem Dichter der *Metamorphosen* dient seine «Aeneis» lediglich als Rahmenhandlung für Mythen, die außer Verwandlungen wieder viel erotische Leidenschaft und daraus entstehendes Unheil präsentieren. Für das letzte Drittel von Buch 13 der *Metamorphosen* bildet Buch 3 der *Aeneis* den stofflichen Hintergrund, aber den insgesamt 718 Versen des Vergilischen Buches entsprechen bei Ovid nur 34 von 341 Versen; die übrigen 307 Verse verwendete der jüngere Dichter teils für die Erweiterung der Handlung seiner «Aeneis», teils für die in jene Handlung eingelegten Erzählungen.

Dieses Prinzip ist dem Leser allerdings nicht gleich von Anfang an erkennbar. Denn Ovid berichtet, nachdem er rasch die Fahrt von Troja nach Delos referiert hat, über die Ankunft der Äneaden auf der Insel bei König Anius zunächst in einer Weise, daß man annehmen darf, er variiere lediglich die entsprechende Passage bei Vergil. Dieser erzählt in vier Versen, wie Anius im Gewand des Apollopriesters erscheint, Anchises wiedererkennt und die Äneaden gastlich in seinem Haus empfängt (*Aen.* 3.80–83). In doppelt soviel Versen sagt Ovid, Anius habe seine Gäste erst zu dem Ort geführt, wo Latona Apollo und Diana gebar, dort mit ihnen geopfert und sie dann in seinem Haus bewirtet (*Met.* 13.632–639). Aber während Vergil im Anschluß an seine Verse über den Empfang der Trojaner auf Delos gleich schildert, wie Äneas in einem Gebet an Apollo den Gott über sein Fahrtziel befragt und sich damit wieder einmal als *pius Aeneas* bewährt, lesen wir bei Ovid an der entsprechenden Stelle zunächst dies (13.640–642):

Da sagt der fromme Anchises: «O auserwählter Priester des Phöbus,
täusche ich mich, oder hattest du, als ich zuerst diese Mauern sah,
einen Sohn und vier Töchter, wenn ich mich recht entsinne?»

Vor der Befragung Apollos über das von den Schicksalssprüchen Verfügte erfolgt bei Ovid erst einmal die bürgerlich-trivial anmutende Befragung des Gastgebers über dessen Kinder, die wir die Frage nach den «lieben Kleinen» nennen würden. Dadurch aber schafft der Autor der *Metamorphosen* sich die Gelegenheit, von mythischen Transformationen zu erzählen, und er ergreift sie gleich nochmals, als Anius dem Äneas beim Abschied einen Mischkrug schenkt; jetzt ermöglicht dem Dichter eine Bildbeschreibung, die Zahl seiner Verwandlungsgeschichten zu vermehren.

Nachdem Ovid kurz rekapituliert hat, wie die Äneaden nach Sizilien zur Stadt Zankle, dem heutigen Messina, gelangen, spannt er einen besonders weiten Rahmen für eingeschaltete Geschichten; diesen wird er erst in V. 74 von Buch 14 schließen. Das «Stichwort» gibt ihm Skylla, das eine von zwei Meerungeheuern, das, wie die alten Griechen berichteten, zusammen mit dem anderen, Charybdis, auf je einer Seite der Straße von Messina lauert. Skylla ist in Buch 13 der *Metamorphosen* noch ein von vielen Männern umworbenes Mädchen, das gern an den Strand geht, um den Meernymphen zu erzählen, wie sie ihre Freier zum Narren hält. Eine ihrer Zuhörerinnen, Galatea, schildert ihr im Gegenzug das Verhalten eines zugunsten des schönen Jünglings Akis von ihr abgewiesenen häßlichen Verehrers: des Zyklopen Polyphem. Nachdem Skylla Galateas Geschichte, die gleich etwas näher zu betrachten ist, angehört hat, bleibt sie am Strand und wird dort von Glaukus erblickt, der sich sofort in sie verliebt. Er erzählt ihr, daß er, einst ein sterblicher Fischer, sich nach dem Genuß eines wundersamen Krautes in einen Meergott verwandelte. Skylla, davon offenbar gar nicht beeindruckt, läßt Glaukus allein, worauf dieser, verärgert über die Zurückweisung, sich auf den Weg zu der Zauberin Kirke macht. Damit endet Buch 13.

Ovids wichtigste literarische Vorbilder für die berühmte Geschichte der Liebe Polyphems zu der Meernymphe Galatea sind zwei erotische Gesänge des Zyklopen, die Theokrit (1. Hälfte 3. Jh. v. Chr.) in seine Hirtengedichte 6 und 11 einlegte. Aus dem zweiten der beiden Texte geht hervor, daß Polyphem vergeblich wirbt, weil er nur ein Auge und eine platte Nase hat. Theokrit bietet also eine Variante des Motivs «La Belle et la Bête», und Ovid wandelt dieses ab, indem er das «Biest» mit den Zügen ausstattet, die Polyphem in Buch 9 von Homers *Odyssee* trägt. Dort ist der Zyklop ein ungeschlachter Riese, der mehrere Gefährten des Helden verspeist und dem die Überlebenden nur entkommen, weil sie, als sie ihn betrunken gemacht und in Schlaf versenkt haben, sein eines Auge ausstechen. Bei Homer und dann wieder bei Ovid wird Polyphem davor durch einen Seher gewarnt, aber nur in den *Metamorphosen* erklärt er die Prophezeiung für töricht, da ihm sein Auge ja bereits «eine andere» geraubt habe (13.770–775). Blind ist er also jetzt schon vor Liebe, und das verrät er zum einen dadurch, daß er sich für Galatea zu verschönern versucht – er stutzt sich Haar und Bart, wofür er eine Harke und eine Sichel nimmt –, zum anderen durch eine nicht enden wollende Werberede. Diese gestaltet Ovid zunächst als die Karikatur der Serenade eines elegisch Liebenden, der vor der verschlossenen Tür der Angebeteten steht; wie eine solche hat auch Galatea die Möglichkeit zuzuhören – zumindest aus der Ferne: Die Nymphe sitzt gerade in einem Felsversteck auf dem Schoß ihres Akis, und dort dringen die Worte Polyphems an ihr Ohr. Deshalb kann sie ihn dann Skylla gegenüber wörtlich «zitieren».

Die Werberede Polyphems umfaßt 81 Verse, und in 70 davon verbindet er das überschwengliche Lob von Galateas Schönheit mit Klagen über ihr abweisendes Verhalten sowie die Verheißung von Geschenken mit dem Anpreisen der eigenen Person. Zwar macht er sich dabei ständig lächerlich – zum Beispiel wenn er sein eines Auge, um es als Schönheitsmerkmal auszugeben, mit dem Rund der Sonne am Himmel vergleicht –, aber die motivische Nähe zu elegischem Sprechen ist gut erkennbar. Erst als Polyphem sich plötzlich erinnert, daß Galatea ihm den Akis vorzieht, bricht sein gänzlich unelegisches, barbarisches Naturell durch: Er droht, dem Jüngling das Gedärm bei lebendigem Leibe herauszuziehen und die Glieder zu zerstückeln, um sie über die Felder und Galateas Meer zu zerstreuen. Dann wird er einen Felsbrocken auf Akis werfen (der dann freilich nicht stirbt, sondern sich in einen Flußgott verwandelt) und endgültig jede Ähnlichkeit mit einem elegisch Liebenden ablegen. Denkbar ist es allerdings für einen solchen durchaus, daß auch er gelegentlich gewalttätig wird. So schildert Tibull einmal ein Mädchen, das mit zerschlagenen Wangen über sein zerzaustes Haar und die zerschmetterte Tür klagt und dabei weint (1.10.53–55). Aber Properz erklärt in einer Anspielung auf diese Gedichtpassage einen Liebhaber, der so etwas verursacht, zu einem Bauernlümmel (2.5.21–26).

Buch 14

1–74	Glaukus, Kirke und Skylla		
75–77	Sturm treibt Äneas nach Karthago	[3]	~ Buch 1
78–81	Äneas und Dido	[4]	~ Buch 4
82–100	Von Karthago bis Unteritalien	[19]	~ Buch 5
101–119	Cumae: Äneas in der Unterwelt	[19]	~ 6.1–898
120–153	*Sibylle erzählt* 130–153	[34]	
154–157	Von Cumae bis Caieta	[4]	~ 6.899–901
158–440	*Caieta-Rahmen*	[283]	
167–222	*Erzähler Achämenides*: Polyphem		~3.588–654
223–440	*Erzähler Makareus*: Kirke (*eingelegt:* Picus)		
441–448	Von Caieta bis zur Tibermündung	[8]	~ 7.1–36
449–456	Krieg; Werbung um Verbündete	[9]	~7.36–8.731
457–526	*Venulus-Rahmen*	[70]	
464–511	*Erzähler Diomedes*: Gefährten		~ 11.243–95
512–526	Oleaster		
527–565	Schiffe des Äneas	[39]	~ 9.1–122
566–580	Kämpfe bis zum Tode des Turnus	[15]	~ 9.123–12.952
581–608	Apotheose des Äneas	[28]	<1.259 f.
609–621	Latinerkönige		
622–771	Vertumnus und Pomona		
698–761	*Erzähler Vertumnus*: Iphis und Anaxarete		
772–851	Apotheose des Romulus und der Hersilia		

V. 1–4 sowie das erste Wort von V. 5 in Buch 14 lauten:

Und schon hatte den auf den Rachen des Giganten geworfenen Ätna und der Zyklopen Gefilde, die nicht wissen, was eine Harke, wozu ein Pflug gut ist, und angespannten Ochsen nichts verdanken, verlassen ...

Ja, wer? Bis zu «verlassen» könnte man meinen, Äneas sei gemeint. Denn bei Vergil segelt der Held an Skylla und Charybdis vorbei zum Fuß des Ätna und von da weiter an der sizilianischen Küste entlang. Aber hier ist von Glaukus die Rede, der zu Kirke nach Latium schwimmt. Mit ihm zusammen betritt der Leser auf seiner Reise durch die mythische Weltgeschichte Ovids erstmals den Boden Mittelitaliens. Wir sind also Rom und der Zeit des Dichters, bis zu der die Götter sein *carmen perpetuum* führen sollen, schon sehr nahe gerückt. Doch bevor wir dieses Ziel und mit ihm die kultivierte Welt des Augustus erreichen, hören wir noch eine Weile von mirakulösen Transformationen, erotischer Leidenschaft und Racheakten. Vor allem Kirke tut sich hier hervor: Als der in Skylla verliebte Glaukus sie bittet, das Mädchen mit Hilfe von Kräutern zur Gegenliebe zu bewegen, erklärt die Zauberin dem Meergott, sie wolle ihn für sich. Doch Glaukus verweigert sich ihr, und da sie ihm als einem Unsterblichen nichts antun kann, verwandelt sie Skylla in ein Meerungeheuer, dessen Unterleib aus bellenden Hunden besteht. Zwar hat Skylla, als die Äneaden sich ihr nähern, eine weitere Metamorphose durchlaufen – jetzt ist sie ein Fels –, aber Seefahrer meiden sie noch immer.

Von dem Felsen, an dem Äneas und die Seinen sicher vorbeisegeln, kehrt Ovid zu seinem Bericht über die Irrfahrten des Helden zurück. Nur vier Verse widmet er der Dido-Episode, die Vergil in Buch 1 und 4 behandelt, so kurz wie möglich referiert er auch die in Buch 5 der *Aeneis* geschilderten Ereignisse auf Sizilien, und selbst für das, wovon Vergil in Buch 6 erzählt, den Gang des Äneas in die Unterwelt, hat Ovid nicht mehr als 19 Verse übrig. Er interessiert sich weniger für den Abstieg des Äneas zu den Toten und dessen Gespräche mit ihnen als dafür, wie der Held – darüber berichtet Vergil nichts – zusammen mit der Sibylle von Cumae, die den Helden in den Hades geleitet hat, zur Oberwelt zurückkehrt. Die Seherin hatte in der *Aeneis* vor der Katabasis gesagt (6.126b–129a):

Leicht ist der Abstieg vom Avernersee aus –
bei Nacht und bei Tage steht offen die Tür des schwarzen Dis –,
aber zurückzulenken den Schritt und an die Oberwelt zu entkommen,
das ist Arbeit, das ist Mühe (*labor*).

Als der Ovidische Äneas sich mit dem Aufstiegsproblem konfrontiert sieht, weiß er sich zu helfen (14.120–122):

Von dort die müden Schritte auf beschwerlichem Pfad lenkend,
erleichtert er sich die Mühe (*labor*) durch Gespräche mit der
kumäischen Führerin.

Was die Sibylle zur Unterhaltung beiträgt, vermag in der Tat von den Beschwerden eines Aufstiegs abzulenken: Sie erzählt, daß sie einst von Apollo geliebt wurde, sich als Gegenleistung für die Preisgabe ihrer Virginität so viele Lebensjahre wünschte, wie sie Staubkörner mit ihrer Hand schöpfte, und zu bitten vergaß, es sollten Jugendjahre sein; als ihr dennoch auch das angeboten worden sei, habe sie das Geschenk ausgeschlagen, sei inzwischen 700 Jahre alt geworden und müsse nun damit rechnen, zu einer so kleinen Gestalt zusammenzuschrumpfen, daß man sie nur noch an der Stimme erkennen werde.

Solch eine Geschichte paßt wieder sehr gut in den Kontext der *Metamorphosen*, und das gilt ebenfalls für die drei folgenden Erzählungen, die Ovid in seine «Aeneis» einlegt. Gleich nach der Rückkehr aus der Unterwelt begegnet Äneas dem Makareus, einem ehemaligen Gefährten des Odysseus. Dieser erkennt unter den Mannen des Äneas einen gewissen Achämenides, den, wie Vergils *Aeneis* berichtet, Odysseus auf der Flucht vor Polyphem zurückließ, den die Trojaner aber bei ihrer Landung am Fuße des Ätna gastlich in ihr Schiff aufnahmen (3.588–654). Was bei Vergil nicht steht, erfahren wir nun aus dem Munde des Achämenides: seine grauenhafte Robinsonade in der Nähe eines blinden, aber nicht minder gefährlichen Menschenfressers, der moderne Leser in der anschaulichen Schilderung des Ovid-Textes ein wenig an King Kong erinnert. Dazu liefert Makareus ein durchaus adäquates Gegenstück:

Da er einer von denjenigen ist, die Kirke in Schweine verwandelte, kann er einen Eindruck davon geben, wie man sich so fühlt als Borstentier und wie schön es ist, zurückverwandelt zu werden. Makareus hat aber noch mehr zu bieten. Er erfuhr nämlich durch eine Magd der Kirke die Geschichte von König Picus und dessen Frau Canens: Weil auch Picus die Liebe der Zauberin verschmäht, wird er von ihr, als er einmal zur Jagd ausgeritten ist, in einen Specht verwandelt, während Canens, zu der er deshalb nicht zurückkehren kann, aus Trauer darüber leise singend (das bedeutet lat. *canens*) in die Lüfte entschwindet. Soweit Makareus, und wieder hat der Leser mit Figuren einer eingelegten Geschichte schon vor Äneas den Boden Latiums betreten.

Was dort nach der Ankunft des Helden und seiner Mannen geschieht, referiert Ovid noch kürzer als die Ereignisse während der Fahrt der Äneaden. Hatte er die Bücher 1–6 der *Aeneis* Vergils in 144 Versen zusammengefaßt, so begnügt er sich bei seiner «Inhaltsangabe» der Bücher 7–12, die überwiegend vom Krieg der Äneaden gegen Latiner und Rutuler berichten, mit 119 Versen (vgl. die Übersichten zu Buch 13 und 14). Kriegerische Auseinandersetzungen sind nun einmal nichts für einen Dichter, der bisher erotische Elegien verfaßt hat. In seinem Hexameteropus geht es außerdem primär um Verwandlungsmythen, und da hat Vergil in der *Aeneis* immerhin zwei zu bieten, die Ovid neu erzählen kann: die Sage von der Verwandlung der Gefährten des Diomedes in Vögel und die von der Verwandlung der Schiffe des Äneas in Meernymphen. Die zweite Hälfte seiner «Aeneis» erweitert Ovid außerdem durch die (assoziativ mit dem Diomedes-Abschnitt verbundene) kurze Geschichte von einem Hirten, der, weil er tanzende Nymphen mit bäurischen Sprüngen nachäfft, in einen wilden Ölbaum verwandelt wird, und die noch kürzere Geschichte, wie aus der Asche der von den Trojanern zerstörten Stadt Ardea, in der Äneas' Hauptgegner Turnus regiert, ein Reiher emporfliegt. Die Tötung des Turnus ist bekanntlich das letzte Ereignis, von dem Vergil in seiner *Aeneis* erzählt. Ovid dagegen beendet den Äneas-Abschnitt der *Metamorphosen* mit einer Schilderung der Apotheose des Helden: Nachdem der Flußgott mit seinem Wasser alles Sterbliche von Äneas abgewaschen hat, macht seine Mutter Venus ihn zum Gott Indiges.

Mit einer raschen Aufzählung der Nachfolger des Äneas-Sohnes Askanius in der Herrschaft über Alba Longa und Latium gelangt Ovid in die Zeit des Königs Proca, in der die Nymphe Pomona lebt und sich eines von ihr sorgfältig gepflegten Gartens erfreut. Um sie wirbt der Gott Vertumnus, und darüber wird uns in der letzten erotischen Geschichte der *Metamorphosen* berichtet. Als der Gott, der sich beliebig verwandeln kann, in mehreren Gestalten vergeblich sein Glück bei Pomona versucht hat, nähert er sich ihr in Gestalt einer alten Frau und erzählt ihr eine Geschichte. Diese handelt von einem Iphis, der sich erhängt, weil die von ihm geliebte Anaxarete ihn nicht erhört, und von der anschließenden Metamorphose der Anaxarete in einen Stein. Vertumnus hofft, daß Pomona sich von seiner Geschichte zur Nachgiebigkeit animieren läßt, hat aber auch damit keinen Erfolg. Daraufhin nimmt er seine eigene Gestalt an – es ist die eines Jünglings – und will gerade Gewalt anwenden, als Pomona auf einmal, hingerissen von der Schönheit des Gottes, dessen Liebe erwidert. Ovid verabschiedet sich also von dem Thema «Gott liebt Sterbliche» mit einem Mythos, in dem eine Vergewaltigung nicht stattzufinden braucht. Das paßt insofern gut, als die Handlung der Geschichte auf dem Boden Latiums spielt. Denn hier wird Augustus einst seine Ehegesetze erlassen, die für einen Römer, der eine Freie zum Sex zwingt, Bestrafung vorsehen.

Auf den Prinzeps müssen wir in Ovids mythologischer Weltgeschichte freilich noch etwas warten. Der Pomona-Geschichte folgt erst einmal ein Abschnitt über Roms Gründer Romulus. Von dessen Taten erzählt der Dichter wenig, um so mehr dagegen von der Apotheose des Königs. Mars beantragt sie in einer Götterversammlung, in der er Jupiter daran erinnert, daß dieser zu ihm gesagt habe (14.814):

«Éiner wird seín, den wírst du zum Blaú des Hímmels erhében.»

Ovids Jupiter weiß offenbar noch, daß er jenen Vers in den *Annalen* des Ennius wirklich gesprochen hat (Frg. I 33 Skutsch). Denn er nimmt Romulus nun zusammen mit dessen Frau Hersilia unter die Götter auf. Und damit endet Buch 14.

Buch 15

1–478	Numa und Pythagoras
12–57	*Erzähler älterer Mann*: Myskelus gründet Kroton
75–478	*Redner Pythagoras*: Pythagoreische Lehren
75–175	A. Mahnung zum Verzicht auf Fleischgenuß/ Seelenwanderungslehre
176–452	B. Lehre von der ständigen Veränderung aller Dinge 176–185 Prolog; 186–198 Wechsel von Tag und Nacht; 199–213 Wechsel der Jahreszeiten; 214–236 Das Altern der Menschen; 237–251 Ständige Trennung und Wiedervereinigung der Elemente; 252–258 Binnenprolog; 259–360 Änderungen der Erdoberfläche; 361–417 Biologische Veränderungen in Tier- und Pflanzenwelt; 418–452 Veränderungen der politischen Landkarte; Prophezeiung der Größe Roms.
453–478	C. Mahnung zum Verzicht auf Fleischgenuß/Seelen wanderungslehre
479–551	Egeria und Virbius
493–546	*Erzähler Virbius*: Tod und Apotheose des Hippolytus/V.
552–621	Tages – Lanze des Romulus – Cipus
622–744	Äskulap
745–870	Caesar und Augustus
871–879	Epilog

Zu Beginn von Buch 15 erfahren wir, König Numa, der Nachfolger des Romulus, habe ein spezielles Interesse an der «Natur der Dinge» gehabt, sei deshalb von zu Hause fortgegangen und bis Kroton vorgedrungen. Dort habe er sich zunächst von einem älteren Mann darlegen lassen, wie die Stadt auf Weisung des Herkules von dem Argiver Myskelus gegründet wurde, und dann einem Vortrag des Pythagoras von Samos gelauscht. Die von Ovid in ihrer ganzen Länge von 404 Versen wörtlich wiedergegebene Rede hat zwei Themen: die Mahnung zum Verzicht auf Fleischgenuß, die durch die Lehre von der Seelenwanderung begründet wird, und Ausführungen darüber, daß alle Dinge der Welt in einem ständigen Wandel begriffen seien; dieses Thema behandelt Pythagoras in der Mitte seiner Rede, während er auf das andere gleich am Anfang und dann wieder am Schluß zu sprechen kommt. Man hat gesagt, in dem Abschnitt, der die These «Alles verändert sich» (15.165) anhand von Beispielen aus der Natur und der Geschichte einzelner Staaten zu belegen versucht, werde das Prinzip «Metamorphose», nachdem es unter mythologischem Aspekt dargestellt worden ist, philosophisch und folglich mit wissenschaftlicher Seriosität erörtert. Aber Ovid dürfte kaum erwartet haben, daß die Person seines Pythagoras und dessen Lehren ernst genommen würden. Vieles von dem, was der Philosoph bei ihm über geologische und biologische Transformationen sagt, stammt offenkundig aus Schriften von Paradoxographen, die ihr Publikum mit scheinbar authentischen Berichten über mirakulöse Phänomene und Begebenheiten unterhielten und dabei keineswegs bei allen Lesern Glauben fanden.

Ovids Pythagoras ist also wie die von dem Autor konstruierte Figur des Erzählers mythischer Metamorphosen eine Person, deren Ausführungen mit Interesse, Spannung und Heiterkeit verfolgt sein wollen, die aber nicht den Anspruch erhebt, darüber, «was die Welt im Innersten zusammenhält», tiefsinnige Gedanken zu entwickeln. Nach wie vor betreibt Ovid sein literarisches Spiel, und jetzt besteht es vor allem darin, daß er zahlreiche Motive seines gesamten Hexameteropus unter pseudowissenschaftlichem Aspekt abwandelt. So läßt er etwa das Goldene Zeitalter, das er zu Beginn von Buch 1 gleich im Anschluß an seine Kosmogonie aus der Sicht des Mythenerzählers betrachtet hat, von Pythagoras am Anfang des Lehrvortrags im Zusammenhang mit der Seelenwanderungslehre als die Zeit vorstellen, in der die Menschen angeblich noch Vegetarier waren. Im Mittelteil der Rede bringt der Philosoph dann mehrfach Transformationen zur Sprache, die Ovid schon zum Gegenstand seiner Mythen gemacht hatte. War zum Beispiel in Buch 9 und 12 jeweils von der durch eine Gottheit bewirkten Metamorphose einer Frau in einen Mann erzählt worden – im Falle der Iphis schreibt der Erzähler der Isis, im Falle der Känis dem Neptun die Geschlechtsumwandlung zu –, so behauptet Pythagoras nun im Rahmen seiner Darlegungen über biologische Veränderungen in der Tierwelt, die Hyäne könne vom Weibchen zum Männchen mutieren (15.409 f.). Am Ende des Mittelabschnitts prophezeit Pythagoras durch den Mund des Sehers Helenus die Apotheose des Augustus (15.448 f.), und davon wird wieder die Rede sein, bevor Ovid den Epilog zu den *Metamorphosen* spricht.

Vielleicht hat Ovid die *mise en abyme* des ganzen Hexameteropus an den Anfang des letzten Buches gestellt, weil er die noch folgenden Abschnitte vom übrigen Werk etwas absetzen wollte. Sie haben gemeinsam, daß sie römische Mythen bieten und ätiologisch nur noch Kulte beziehungsweise Gegenstände erklären, die eine historische Bedeutung haben. Ovid beginnt mit Virbius, den seine Zeitgenossen als Kultgefährten der Diana im heiligen Hain von Aricia verehrten. Er läßt den Gott erzählen, dieser sei einst Hippolytus, der Sohn des Theseus gewesen; vom Vater verflucht, weil er sich angeblich an seiner Stiefmutter Phädra vergriffen habe, sei er mit seinem Gespann tödlich verunglückt, nachdem ein aus dem Meer emporgetauchter Stier die Pferde scheu gemacht habe, aber Äskulap habe ihn zum Leben erweckt, und so sei er, Dianas Schützling, der Gott Virbius geworden. Da er als Hippolytus mit seinem Wagen von einem Felsen herabgestürzt ist und ihm dabei der Körper zerfetzt wurde, kann Ovid uns noch einmal eine grausige Szenerie anschaulich vor Augen führen. Doch damit ist es nun endgültig vorbei, und es folgen nur noch Geschichten, die geradezu erbaulich sind: 1. von Tages, der, aus einer Erdscholle hervorgehend, die Etrusker die Mantik lehrt; 2. von der Lanze des Romulus, die sich belaubt und zum Baum wandelt; 3. von dem römischen Feldherrn Cipus, dem zum Zeichen, daß er nach dem Betreten Roms König sein wird, Hörner wachsen und der deshalb der Stadt fernbleibt; 4. von Äskulap, der in Gestalt einer Schlange von Epidaurus zu Schiff nach Rom überführt wird; 5. von Caesar, dessen Seele nach seiner Ermordung als Komet zum Himmel emporsteigt.

Die Geschichte von der Überführung des Äskulap nach Rom ist die erste in den *Metamorphosen*, die an ein historisches Datum geknüpft ist: an den 1. Januar 291 v. Chr., den Tag der Einweihung des Tempels für den Heilgott auf der Tiberinsel. Erst jetzt, als Ovid nur noch rund 300 Jahre von der eigenen Zeit entfernt ist, bis zu der die Götter sein *carmen perpetuum* führen sollten, ruft er die Musen an. Das erfolgt in einem Hexameteropus normalerweise am Anfang, aber zum literarischen Spiel dieses Dichters gehört es, daß er Dinge auf den Kopf stellt. So mag man, wenn gesagt wird, eine Pest in Rom habe den Anlaß zur Begründung des Äskulapkultes gegeben, an den Beginn von Homers *Ilias* denken, wo von einer Seuche im Lager der Griechen die Rede ist. Andererseits findet sich die berühmte Pestbeschreibung des Lukrez am Ende seines sechsten und letzten Buches, an dessen Anfang er erstmals eine Muse gebeten hat, ihn zu seinem letzten Ziel zu leiten (6.92–95). Offenbar vermischt Ovid ganz bewußt Anspielungen auf Anfänge – so auch auf den 1. Januar, mit dem das Jahr beginnt und den Ovid in den *Fasti* als Tag der Einweihung des Äskulaptempels erwähnt (1.291 f.) – mit Signalen, die das baldige Ende der *Metamorphosen* anzeigen. Vielleicht kam seinen Zeitgenossen, wenn sie am Anfang der Äskulapgeschichte den Heilgott als «Sohn der Koronis» bezeichnet sahen (15.624), in den Sinn, daß man den vom Schreiber am Schluß einer Papyrusrolle angebrachten Schnörkel *coronis* nannte (von griech. *korōnís*, «gekrümmt»). Als die Äskulapschlange in Rom vor dem Verlassen des Schiffes den Hals an den Mast lehnt, soll sie wohl an solch einen Schnörkel erinnern (15.736–738).

Im Anschluß an die Äskulap-Episode erzählt Ovid von der Apotheose Caesars, auf die dann nur noch der Epilog des Dichters folgt. Die Seele des Diktators erhebt sich in die Höhen des Äthers, während der Körper des Romulus, wie am Ende von

Buch 14 zu erfahren war, sich in den unteren Bereich der Luft verflüchtigte. Blickt man auf die Apotheose des Äneas am Ende des letzten Viertels von Buch 14 und von da auf diejenige des Herkules in Buch 9 zurück, stellt man fest: Den Sohn Jupiters befreite Feuer von seiner sterblichen Hülle, dem trojanischen Helden wurde alles dem Tod Verfallene mit Wasser abgespült. Somit erreicht eine Reihe von vier Apotheosen, die jeweils einem der vier Elemente der Ovidischen Kosmogonie zugeordnet sind, in der Verstirnung Caesars ihren Höhepunkt. Außerdem deutet der Dichter, nachdem er von ihr berichtet hat, auf die Apotheose des Augustus voraus. Damit ist aber die Serie der Vergöttlichungen, wie wir sehen werden, noch nicht zu Ende. Betrachten wir nun die letzten 135 Verse der *Metamorphosen*, die in diese Vergöttlichung einmünden.

Caesar, Augustus und Ovid

Wenn Ovid mit der Erzählung von der Ermordung und der Apotheose Caesars seine mythologische Weltgeschichte beendet, kann er dann sagen, die Götter hätten die im Proöm ausgesprochene Bitte, sie möchten das *carmen perpetuum* bis in seine Zeit führen, in Erfüllung gehen lassen? Eigentlich nicht, denn Caesar starb am 15. März 44, also fast ein Jahr vor Ovids Geburt am 20. März 43. Aber der Komet, in dem man die Seele des Diktators zu erblicken glaubte, wurde etwa im Juli 44 v. Chr am Himmel gesichtet. Mit Recht also konstatiert Alessandro Barchiesi, die *Metamorphosen* umfaßten den Zeitraum von der Erschaffung der Welt bis zur Zeugung Ovids (*Speaking Volumes*, 75). Eine Bestätigung mag man darin sehen, daß der Dichter als Verbannter an Augustus in deutlicher Abweichung von Vers 4 des Proöms schreibt: «Bis zu deiner Zeit, Caesar, habe ich das Werk herabgeführt» (*Trist.* 2.560). Denn offenbar will er jetzt im Gegensatz zu der selbstbewußten Pose, die er zu Beginn der *Metamorphosen* einnimmt, möglichst bescheiden und zugleich loyal erscheinen. Freilich hat er seine Verehrung gegenüber Caesar und Augustus in der letzten Erzählung des Werks sehr deutlich bekundet: Diese enthält dezidiertes Herrscherlob. Außerdem spielt Ovid, indem er von der Verstirnung Caesars berichtet, darauf an, daß Kallimachos am Ende der *Aitia* die Locke der Berenike, der Gattin des ägyptischen Königs Ptolemaios III. Euergetes (246–221 v. Chr.), erzählen läßt, wie sie als Sternbild an den Himmel versetzt wurde. Auch das ist eine Form von Fürstenpreis, und folglich knüpft Ovid sogar in diesem Bereich (wie vor ihm schon Vergil und Horaz) an den hellenistischen Dichter an.

Mit seiner Geschichte von der Apotheose Caesars evoziert Ovid überdies eine berühmte Passage in Vergils *Aeneis*: die Szene mit Venus und Jupiter, in der die Liebesgöttin ihrer Sorge um die Zukunft des Sohnes Ausdruck verleiht und Allvater sie beruhigt, indem er ihr die Ankunft des Äneas in Latium, seine dortigen Kämpfe, die Vergöttlichung nach dem Tode und dann die weitere historische Entwicklung von der Königsherrschaft des Askanius bis zur Rückkehr des siegreichen Oktavian aus dem Orient prophezeit (1.223–296). Bei Ovid spricht Venus, bevor sie mit Jupiter zusammentrifft, zu jedem ihr begegnenden Gott über ihre Sorge um Caesar, weil schon «die ruchlosen Schwerter gewetzt werden» (15.776), und sagt dabei unter anderem (15.768–774a):

Soll immer ich allein von berechtigten Sorgen geplagt werden?
Ich, die bald der kalydonische Speer des Tydiden verwundet,
bald die Mauern des schlecht verteidigten Troja betrüben,
die ich sehen muß, daß mein Sohn auf langen Irrfahrten gejagt
und hin- und hergeworfen wird auf dem Meer, den Wohnsitz
der Schweigenden betritt
und Kriege führt mit Turnus – oder, wenn ich die Wahrheit bekenne,
eher mit Juno!

Die Erinnerung an den Kummer, den sie wegen Äneas hatte, gerät der Liebesgöttin, wie man sieht, zu einer sehr prägnanten Inhaltsangabe des Epos Vergils, bei der es sich um die letzte dieser Art in den *Metamorphosen* handelt. Ovid, der Venus sogar auf Formulierungen in dem berühmten Proöm anspielen läßt, huldigt hier auf besonders feinsinnige Weise dem Dichter der *Aeneis*. Danach erzählt er in Anlehnung an eine Passage der *Georgica* (1.464–488) von den schreckenerregenden Zeichen, welche die bevorstehende Trauer um Caesar angekündigt haben sollen (15.782–798). Venus habe – so lesen wir anschließend – in ihrer Verzweiflung darüber, daß das Attentat auf den Julier nicht abzuwenden war, den Plan gefaßt, ihn in einer Wolke zu verbergen. Da tritt Jupiter ihr entgegen und erklärt in einer langen Rede, es sei Caesars unabänderliches Schicksal (*fatum*), daß er jetzt sterben müsse. Jedoch sein (Adoptiv-)Sohn Augustus werde ihn rächen, dann eine Reihe von glorreichen Siegen erringen, als Herrscher über die Welt dieser den Frieden schenken und seinem Volk Gesetze geben. Das ist offensichtlich die Fortsetzung zu der Prophezeiung Jupiters in Buch 1 von Vergils *Aeneis*, und da der Verfasser der *Metamorphosen* die Rede seines Jupiters in seinem letzten Buch plaziert hat, macht er erneut aus einem Text, der am Anfang eines Werkes steht, einen solchen, der zu einem Finale gehört. Gleichzeitig schlägt er einen Bogen zurück zu seinem eigenen ersten Buch, in dem Jupiter ebenfalls eine Rede hält (1.182 ff.).

Nachdem Caesar ermordet worden ist, Venus seine Seele an den Himmel versetzt hat und diese dort als Stern funkelt, gesteht die Seele Caesars beim Anblick der Taten des (Adoptiv-)Sohnes, sie seien größer als die eigenen. Indem Ovid das erzählt, knüpft er daran an, daß er schon zu Beginn des Caesar-Abschnitts gesagt hat, von den Taten des Diktators sei keine größer als die, der Vater des Augustus zu sein (15.750 f.). Das mögen wir heute als eine besonders dick aufgetragene Schmeichelei empfinden. Es ist aber eines zu bedenken: Dergleichen dürfte, als Ovid es schrieb, von den Zeitgenossen bereits als normales Element von Kaiserpanegyrik empfunden worden sein. Außerdem gibt Ovid möglicherweise durch eine literarische Anspielung vorsichtig zu verstehen, er sei sich dessen bewußt, daß er hier vielleicht ein wenig übertreibt. Sein Prätext wäre, falls er ihn im Auge hat, eine Szene bei Herodot (ca. 484–424 v. Chr.). Dort lesen wir (3.34), der Perserkönig Kambyses (529–522 v. Chr.), der während seiner Regierungsjahre mehr und mehr dem Herrscherwahn verfiel, habe seine

Ratgeber, unter denen sich auch der einstige Lyderkönig Kroisos befand, einmal gefragt, wie er sich neben seinem Vater Kyros ausnehme. Alle hätten ihn darauf für bedeutender erklärt, nur Kroisos habe gesagt: «Mir freilich, o Sohn des Kyros, scheinst du nicht deinem Vater gleich zu sein. Denn du hast noch keinen Sohn, wie jener dich hinterließ.» Kambyses freut sich natürlich über einen solchen Ausspruch, aber durfte auch Augustus über die analoge Aussage Ovids froh sein, wenn er die Parallele zu der Herodot-Passage bemerkte?

Diese Frage muß ebenso offen bleiben wie die Fragen, vor welche uns die letzten 19 Verse der *Metamorphosen* stellen. In 15.861–870 fleht Ovid zu den Göttern, spät und lange nach seiner Lebenszeit möge der Tag erscheinen, an dem Augustus die Erde verläßt, den Himmel betritt und denen, die zu ihm beten, von fern (*absens*) gewogen ist. Gut, das knüpft an sicherlich ernst gemeinte Gebete mit ähnlichem Inhalt an, die sich schon bei Vergil und Horaz finden (*Georg.* 1.24–42; *Oden* 1.2.45–52). Aber wie steht es damit, daß das letzte von Ovid über Augustus gesprochene Wort *absens* ist, während der Dichter im gleich anschließenden Epilog verkündet, er werde künftig zumindest durch seine *Metamorphosen* stets anwesend sein? Hier der Text (15.871–879):

Und schon habe ich ein Werk vollendet, das nicht Jupiters Zorn, nicht Feuer,
nicht Eisen und nicht das nagende Alter wird vernichten können.
Wenn er will, mag jener Tag, der nur über meinen Leib
Gewalt hat, des ungewissen Lebens Frist mir beenden.
Mit meinem besseren Teil jedoch werde ich, ewig fortdauernd,
mich hoch über die Sterne emporschwingen, und mein Name wird unzerstörbar sein,
und so weit sich erstreckt über die bezwungenen Länder die römische Macht,
werde ich vom Mund des Volkes gelesen werden, und ich werde durch alle Jahrhunderte im Ruhm,
sofern an den Vorahnungen der Dichter etwas wahr ist, leben.

Man hat gesagt, mit Jupiters Zorn sei derjenige des Augustus gemeint, da Ovid den Prinzeps in der Exildichtung mehrfach als zürnenden Gott darstellt. Da nicht sicher ist, ob der Dichter noch im Exil an den *Metamorphosen* geschrieben hat, besteht die Möglichkeit, daß er in den ersten beiden Versen einfach auf das eigene Werk anspielt: auf Jupiter als Strafenden, der die Große Flut schickt, auf das Feuer des Weltenbrandes und auf Eisen, wie es in mancher Szene des Hexameteropus Tod verursacht. Aber es mag denn doch ein wenig kühn sein, daß Ovid nun an die Serie der vier Apotheosen sowie die gerade dem Kaiser prophezeite Vergöttlichung die eigene anfügt, ja vielleicht sogar andeuten will, «der bessere Teil seiner selbst» werde sich so hoch erheben wie die Seele Caesars, wenn nicht noch höher. Auf jeden Fall also spricht aus diesem Epilog ein Künstlerstolz, der Herrschergröße die Stirn bietet und insofern bei Augustus mindestens ein Stirnrunzeln hervorgerufen haben könnte. Das folgende Zitat aus der *New York Times* vom 16. August 1970 belegt, wie aktuell Ovids Worte über die Unvergänglichkeit von Dichtung gerade in der Auseinandersetzung mit politischer Autorität sein können. Die Zeitung berichtet, der Komponist Mikis Theodorakis habe zu einem Vertreter der damals in Griechenland regierenden Junta, der ihn im Gefängnis besuchte, folgendes gesagt:

«Zwischen euch und mir gibt es eine Machtkonfrontation. Ich stehe allein. Und ihr habt Panzer, ihr habt Flugzeuge, ihr habt amerikanische Unterstützung. Aber ich habe die Lieder. Und der große Nachteil, den eure amerikanischen Freunde euch gebracht haben, ist, daß sie euch nicht mit Panzern versorgt haben, die speziell für das Töten von Liedern ausgerüstet sind. Und deswegen seid ihr schwächer, als ich es bin. Denn wenn die Panzer rostige Eisenklumpen geworden sind, werden meine Lieder heller leuchten denn je.»

IV. Überlieferung und Nachleben

Obwohl Ovid bis in die Spätantike zu den römischen Dichtern gehörte, die am häufigsten gelesen und nachgeahmt wurden, ist aus dem Altertum nur ein einziges Zeugnis der handschriftlichen Überlieferung erhalten: das in die zweite Hälfte des 5. Jahrhunderts zu datierende Bruchstück eines Kodex der *Epistulae ex Ponto* (Wolfenbüttel Aug. 4° 13.11). Spuren der Ovid-Rezeption sind dann mehrfach bei Dichtern der karolingischen Epoche nachweisbar, und aus dieser Zeit sowie dem 10. Jahrhundert stammen die ältesten mittelalterlichen Handschriften. Darunter befinden sich auch sechs Fragmente von *Metamorphosen*-Kodizes des 9. und 10. Jahrhunderts. In der zweiten Hälfte des 11. Jahrhunderts begann eine rund 200 Jahre andauernde Blütezeit im Nachleben des Dichters, die Ludwig Traube als *aetas Ovidiana* bezeichnete. Jetzt stieg die Zahl der Handschriften erheblich an. Die älteren der von nun an angefertigten vollständigen beziehungsweise nahezu vollständigen Kodizes bilden zusammen mit den genannten Fragmenten eine relativ kleine Gruppe, die auf eine einzige antike Handschrift zurückgehen dürfte. In welchem Verhältnis die große Masse der jüngeren Kodizes zueinander steht, ist schwer zu bestimmen. Als textkritisch zuverlässigste moderne Edition gilt die Oxford-Ausgabe Richard Tarrants, der aber wohl zu viele von den Versen, die große Philologen des 17./18. Jahrhunderts für unecht erklärten, gleichfalls in eckige Klammern setzt.

In der *aetas Ovidiana* des 11.–13. Jahrhunderts wurde Ovid zu einem der wichtigsten Schulautoren, weshalb auch die ersten Kommentare zu den *Metamorphosen* und Übersetzungen des Textes entstanden. Hervorzuheben ist hier die Verdeutschung Albrechts von Halberstadt (1190 oder 1210), weil sie in der 1545 gedruckten Bearbeitung Jörg Wickrams sehr einflußreich war, etwa bei Meistersingern wie Hans Sachs, die zur literarischen Bildung auch der unteren sozialen Schichten beitrugen. Wickram hat seiner Übersetzung allegorische Auslegungen des Ovid-Textes im Sinne der christlichen Lehre beigegeben, die von Gerhard Lorichius im Geiste des zu Beginn des 14. Jahrhunderts in Frankreich geschriebenen *Ovide moralisé* und des von diesem angeregten *Ovidius moralizatus* in Buch 15 des *Reductorium morale* von Pierre Bersuire (um 1340) verfaßt sind. Mittelalterliche Allegorese bezog zum Beispiel den Mythos von Orpheus in der Unterwelt auf die Höllenfahrt Christi oder setzte Daphne mit der menschlichen Seele und Apollo mit dem sie verfolgenden Satan gleich, und so sah auch noch Lorichius in dem Gott Bacchus das Sakrament des Weins beim Abendmahl symbolisiert. Doch die Humanisten unter seinen Lesern schüttelten bereits den Kopf über diese Art von Textauslegung.

In der vom Humanismus wesentlich geprägten frühen Neuzeit erlebte die Ovid-Rezeption ihre zweite Blütezeit. Außer auf bedeutende Dichter, die in der Volkssprache schrieben – darunter Tasso, Cervantes, Shakespeare und Milton –, und neulateinische Poeten, denen die Nachahmung des Ovidischen Lateins besonders leicht fiel, übte der Dichter jetzt auch großen Einfluß in der bildenden Kunst und der Musik aus. Von den Malern der Renaissance und des Barock, die Szenen aus den *Metamorphosen* darstellten, fehlt keine prominente Gestalt – zu nennen wären etwa Raffael, Correggio, Tizian, Tintoretto, Tiepolo, Poussin, Brueghel, Rubens, Rembrandt und Velázquez –, und die Bildhauerei ist durch keinen geringeren als Bernini vertreten. Der Mythos von Apollo und Daphne, den er sich für seine wohl berühmteste Skulptur zum Vorbild nahm, gehört innerhalb der Metamorphosen-Rezeption neben den Geschichten von Narziß und Pygmalion zu den am häufigsten adaptierten Stoffen. Auch der ersten Oper lag die Sage zugrunde: der 1598 in Florenz uraufgeführten *Dafne* des Librettisten Ottavio Rinuccini und der Komponisten Jacopo Corsi und Jacopo Peri. In der Frühphase der Entwicklung des Genres «favola per musica» wurden fast ausschließlich Ovidische Verwandlungsmythen auf die Bühne gebracht, und die Komponisten rekurrierten auch weiterhin oft auf die *Metamorphosen*, so etwa Monteverdi, Händel und Gluck.

Nachdem Ovids Œuvre noch in der ersten Hälfte des 18. Jahrhunderts überall in Europa eine große Zahl von Lesern und Bearbeitern angezogen hatte – speziell England durchlief in dieser Zeit mit dem Schaffen von Dichtern wie Dryden und Pope die letzte Phase einer vielfältigen Ovid-Rezeption –, setzte in der Epoche der Klassik eine ständig zunehmende, bis über das Ende des 19. Jahrhunderts hinaus anhaltende Abkehr von dem Dichter der *Metamorphosen* ein. Besonders in Deutschland regte sich heftige Kritik an Ovid, der Bewunderern des klassischen Griechentums wie Winckelmann und Herder als Epigone einer für ihn unerreichbaren Größe erschien. Zwar wurde der Römer weiterhin von vielen deutschen Dichtern, allen voran Goethe und Schiller, sehr geschätzt und von August Wilhelm und Friedrich Schlegel, den Theoretikern der ansonsten geradezu ovidfeindlichen Romantik, sogar ausdrücklich gelobt, aber nicht nur die meisten Literaten, sondern auch Maler, Bildhauer und Musiker zeigten jetzt kaum noch Interesse an der Ovidischen Verwandlungsmythologie. Als Auguste Rodin gegen Ende des 19. Jahrhunderts seine von Ovids *Metamorphosen* angeregten Skulpturen schuf und damit einen innerhalb der viktorianischen Ära singulären Beitrag zur Rezeption des Dichters leistete, waren die klassischen Philologen unter dem Einfluß der Romantik ebenfalls dahin gelangt, daß sie ihn überwiegend negativ beurteilten. So überging man denn auch im Jahre 1917 den 1900. Todestag des Dichters mit Schweigen, und dies sicher nicht etwa nur deswegen, weil man sich gerade im Kriegszustand befand.

Mit Recht bezeichnet Theodore Ziolkowski das Jahr 1922 als *annus mirabilis Ovidianus*. Denn es brachte, als die *Metamorphosen*-Rezeption nach längerer Pause gerade wieder zu neuem Leben erwacht war, gleich drei literarische Werke von Autoren hervor, die das Phänomen der Transformation faszinierte: T. S. Eliots *Waste Land*, David Garnetts *Lady into Fox* und Hermann Hesses *Piktors Verwandlungen*. Nicht lange

Zeit vorher hatten schon Kafka mit *Die Verwandlung*, Joyce mit *A Portrait of the Artist as a Young Man* und Ezra Pound mit seinem *Canto* 4 Zeugnis von einer fruchtbaren *Metamorphosen*-Lektüre abgelegt. Das setzte sich im Bereich der Schönen Literatur 1923 mit Rilkes *Sonette(n) an Orpheus* sowie in der bildenden Kunst mit Picassos Radierungen zu den *Metamorphosen* von 1931 fort, und bald darauf wurde auch der erste spektakuläre Beitrag eines Komponisten zur Ovid-Rezeption des 20. Jahrhunderts geleistet: die Oper *Daphne* von Richard Strauss (1938).

Im Rückblick auf das Jahr 1988, in dem Christoph Ransmayrs postmoderner Roman *Die letzte Welt*, der ebenso auf Ovids Exilelegien wie seinen *Metamorphosen* basiert, drei Monate nach dem Erscheinen hunderttausendmal verkauft war, kann man von den anschließenden 10–15 Jahren als der dritten *aetas Ovidiana* nach dem 11.–13. Jahrhundert und der Epoche der Renaissance und des Barock sprechen. Denn nicht nur wurden in dieser Zeit mehrere sehr erfolgreiche literarische Werke veröffentlicht, in denen Ovid rezipiert ist – darunter die von Michael Hofmann und James Lasdun herausgegebene Gedichtsammlung *After Ovid* (1994) und Ted Hughes' *Tales from Ovid* (1997) –, sondern es war auch in der Klassischen Philologie eine regelrechte Rehabilitierung des entweder vernachlässigten oder als zu wenig gehaltvoll abqualifizierten Autors zu verzeichnen. Vor allem in Italien, Großbritannien und den U. S. A. ausgesprochen wirksam, wurde dieser wissenschaftliche Ovid-«Boom» wie Ransmayrs Roman durch die Postmoderne angeregt. Allein die Zahl der seit Anfang der neunziger Jahre des 20. Jahrhunderts erschienenen Bücher und Aufsätze, in denen die *Metamorphosen* interpretiert werden, ist so enorm, daß es nicht leicht war, für eine Einführung wie die vorliegende eine Auswahlbibliographie zu erstellen.

Weiterführende Literatur

Bibliographien

Hofmann, H.: Ovids ‹Metamorphosen› in der Forschung der letzten 30 Jahre (1950–1979), Aufstieg und Niedergang der römischen Welt II 31.4, 2161–2273.

Schmitzer, U.: Ovid im Internet: Bibliographisches [www.kirke.hu-berlin.de/ovid/start.html].

Ausgaben, Kommentare, Übersetzungen

Anderson, W. S. (Hg.): Ovidius, Metamorphoses, Leipzig [7]2001.

Tarrant, R. (Hg.): P. Ovidi Nasonis Metamorphoses, Oxford 2004.

Haupt, M./O. Korn/R. Ehwald: P. Ovidius Naso, Metamorphosen. 2 Bände, Berlin 1915–1916 = Dublin/Zürich 1966.

Bömer, F.: P. Ovidius Naso, Metamorphosen: Kommentar. 7 Bände, Heidelberg 1969–1986; Addenda, Corrigenda, Indizes ebd. 2006 ff.

Barchiesi, A. u. a. (Hgg.): Ovidio, Metamorfosi. 6 Bände, Roma 2005 ff.

Rösch, E.: Publius Ovidius Naso, Metamorphosen. Lateinisch-deutsch, Zürich/Düsseldorf [14]1996.

Albrecht, M. v.: P. Ovidius Naso, Metamorphoses/Metamorphosen. Lateinisch/Deutsch, Stuttgart 1994.

Fink, G.: Publius Ovidius Naso, Metamorphosen. Hg. u. übers., Düsseldorf/Zürich 2004.

Untersuchungen

Albrecht, M. v./E. Zinn (Hgg..): Ovid, Darmstadt 1968.

Arnaud, D. L.: Aspects of Wit and Humor in Ovid's *Metamorphoses*, Diss. Stanford University 1967.

Barchiesi, A.: The Poet and the Prince: Ovid and Augustan Discourse, Berkeley u. a. 1997.

– Speaking Volumes: Narrative and Intertext in Ovid and Other Latin Poets, London 2001.

Barkan, L.: The Gods Made Flesh: Metamorphosis and the Pursuit of Paganism, New Haven u. a. 1986.

Bernbeck, E. J.: Beobachtungen zur Darstellungsart in Ovids Metamorphosen, München 1967.

Boyd, B. W. (Hg.): Brill's Companion to Ovid, Leiden u. a. 2002.

Bretzigheimer, G.: Jupiter Tonans in Ovids Metamorphosen, Gymnasium 100, 1993, 19–74.

– Diana in Ovids ‹Metamorphosen›, Gymnasium 101, 1994, 506–546.

Brown, R.: The Palace of the Sun in Ovid's *Metamorphoses*. In: M. Whitby u. a. (Hgg.): Homo Viator: Classical Essays for John Bramble, Bristol 1987, 211–220.

Brown, S. A.: The Metamorphoses of Ovid: Chaucer to Ted Hughes, London 1999.

– Ovid: Myth and Metamorphosis, London 2005.

Cancik, H.: Spiegel der Erkenntnis (Zu Ovid, Met. III 339–510), Der Altsprachliche Unterricht 10.1, 1967, 42–53.

Clauss, J. J.: The Episode of the Lycian Farmers in Ovid's *Metamorphoses*, Harvard Studies in Classical Philology 92, 1989, 297–314.

Crabbe, A.: Structure and Content in Ovid's ‹Metamorphoses›, Aufstieg und Niedergang der römischen Welt II 31.4, 1981, 2274–2327.

Curran, L. C.: Transformation and Anti-Augustanism in Ovid's *Metamorphoses*, Arethusa 5, 1972, 71–91.

Davis, G.: The Problem of Closure in a Carmen Perpetuum: Aspects of Thematic Recapitulation in Ovid Met. 15, Grazer Beiträge 9, 1980, 123–132.

– The Death of Procris: «Amor» and the Hunt in Ovid's Metamorphoses, Roma 1983.

DeBrohun, J. B.: Centaurs in Love and War: Cyllarus and Hylonome in Ovid *Metamorphoses* 12.393–428, American Journal of Philology 125, 2004, 417–452.

Döpp, S.: Werke Ovids. Eine Einführung, München 1992.

Due, O. S.: Changing Forms: Studies in the Metamorphoses of Ovid, Copenhagen 1974.

Fantham, E.: Ovid's *Metamorphoses*, Oxford 2004.

Feeney, D. C.: The Gods in Epic: Poets and Critics of the Classical Tradition, Oxford 1991.

Fränkel, H.: Ovid: A Poet Between Two Worlds, Berkeley/Los Angeles 1945 = Ovid – ein Dichter zwischen zwei Welten, Darmstadt 1972.

Galinsky, G. K.: Ovid's *Metamorphoses*: An Introduction to the Basic Aspects, Oxford/Berkeley 1975.

Green, S. J.: Collapsing Authority and ‹Arachnean› Gods in Ovid's Baucis and Philemon (Met. 8.611–724), Ramus 32, 2003, 39–56.

Hardie, P.: Ovid's Poetics of Illusion, Cambridge 2002.

– u. a. (Hgg.): Ovidian Transformations: Essays on Ovid's *Metamorphoses* and Its Reception, Cambridge 1999.

– The Cambridge Companion to Ovid, Cambridge 2002.

Harries, B.: The Spinner and the Poet: Arachne in Ovid's *Metamorphoses*, Proceedings of the Cambridge Philological Society 36, 1990, 64–82.

Harzer, F.: Ovid, Stuttgart u. a. 2002.

Hinds, S.: Generalising About Ovid, Ramus 16, 1987, 4–31.
– The Metamorphosis of Persephone: Ovid and the Self-Conscious Muse, Cambridge 1987.
Hoefmans, M.: Myth Into Reality: The Metamorphosis of Daedalus and Icarus (Ovid, *Metamorphoses*, VIII, 183–235), L'Antiquité Classique 63, 1994, 137–160.
Hofmann, H.: Ovid's *Metamorphoses*: *carmen perpetuum, carmen deductum*, Papers of the Liverpool Latin Seminar 5, 1985, 223–241.
Holzberg, N.: Ter quinque volumina as carmen perpetuum: The Division Into Books in Ovid's Metamorphoses, Materiali e discussioni per l'analisi dei testi classici 40, 1998, 77–98.
– Apollos erste Liebe und die Folgen. Ovids Daphne-Erzählung als Programm für Werk und Wirkung, Gymnasium 106, 1999, 317–334.
– Ovid. Dichter und Werk, München [3]2005.
Horsfall, N.: Epic and Burlesque in Ovid, *Met.* viii. 260 ff., The Classical Journal 74, 1979, 319–332.
Janka, M. u. a. (Hgg.): Ovid. Werk – Kultur – Wirkung, Darmstadt 2007.
Keith, A. M.: The Play of Fictions: Studies in Ovid's *Metamorphoses* Book 2, Ann Arbor 1992.
Knox, P. E.: Ovid's *Metamorphoses* and the Traditions of Augustan Poetry, Cambridge 1986.
– (Hg.): Oxford Readings in Ovid, Oxford 2007.
Konstan, D.: The Death of Argus, or What Stories Do: Audience Response in Ancient Fiction and Theory, Helios 18, 1991, 15–30.
Latacz, J.: Ovids ‹Metamorphosen› als Spiel mit der Tradition. In: Ders., Erschließung der Antike. Kleine Schriften zur Literatur der Griechen und Römer, Stuttgart/Leipzig 1994, 569–602.
Ludwig, W.: Struktur und Einheit der Metamorphosen Ovids, Berlin 1965.
Martindale, C. (Hg.): Ovid Renewed: Ovidian Influences on Literature and Art from the Middle Ages to the Twentieth Century, Cambridge 1988.
Michalopoulos, A.: Ancient Etymologies in Ovid's Metamorphoses: A Commented Lexicon, Leeds 2001.
Myers, K. S.: Ovid's Causes: Cosmogony and Aetiology in the *Metamorphoses*, Ann Arbor 1994.
Nagle, B. R.: Two Miniature Carmina Perpetua in the Metamorphoses: Calliope and Orpheus, Grazer Beiträge 15, 1988, 99–125.
Neumeister, C.: Orpheus und Eurydike. Eine Vergil-Parodie Ovids (Ov. Met. X 1–XI 66 und Verg. Georg. IV 457–527), Würzburger Jahrbücher für die Altertumswissenschaft 12, 1986, 169–181.
Newlands, C.: The Simile of the Fractured Pipe in Ovid's Metamorphoses 4, Ramus 15, 1986, 143–153.
Nicoll, W. S. M.: Cupid, Apollo, and Daphne (Ovid, *Met.* 1.452 ff.), The Classical Quarterly 30, 1980, 174–182.

Otis, B.: Ovid as an Epic Poet, Cambridge ²1970.
Papaïoannou, S.: Epic Succession and Dissension: Ovid, *Metamorphoses* 13.623–14.582 and the Reinvention of the *Aeneid*, Berlin u. a. 2005.
Rieks, R.: Zum Aufbau von Ovids Metamorphosen, Würzburger Jahrbücher für die Altertumswissenschaft 6b, 1980, 85–103.
Rosati, G.: Narciso e Pigmalione: Illusione e spettacolo nelle *Metamorfosi* di Ovidio, Firenze 1983.
Schmidt, E. A.: Ovids poetische Menschenwelt. Die Metamorphosen als Metapher und Symphonie, Heidelberg 1991.
Schmitzer, U.: Zeitgeschichte in Ovids Metamorphosen. Mythologische Dichtung unter politischem Anspruch, Stuttgart 1990.
– Meeresstille und Wasserrohrbruch. Über Herkunft, Funktion und Nachwirkung der Gleichnisse in Ovids Erzählung von Pyramus und Thisbe (met. 4,55–166), Gymnasium 99, 1992, 519–545.
– Ovid, Hildesheim u. a. 2001.
Schubert, W. (Hg.): Ovid: Werk und Wirkung. Festgabe für Michael von Albrecht zum 65. Geburtstag, Frankfurt u. a. 1999.
Sharrock, A. R.: Womanufacture, The Journal of Roman Studies 81, 1991, 36–49.
Smith, R. A.: Poetic Allusion and Poetic Embrace in Ovid and Virgil, Ann Arbor 1997.
Stroh, W.: Ovid im Urteil der Nachwelt. Eine Testimoniensammlung, Darmstadt 1969.
Tarrant, R. J.: Ovid. In: L. D. Reynolds (Hg.): Texts and Transmission: A Survey of the Latin Classics, Oxford 1983, 257–286.
Tissol, G.: The Face of Nature: Wit, Narrative, and Cosmic Origins in Ovid's *Metamorphoses*, Princeton, N. J. 1997.
Wheeler, S. M.: *Imago Mundi*: Another View of the Creation in Ovid's *Metamorphoses*, American Journal of Philology 116, 1995, 95–121.
– Changing Names: The Miracle of Iphis in Ovid *Metamorphoses* 9, Phoenix 51, 1997, 190–202.
– A Discourse of Wonders: Audience and Performance in Ovid's *Metamorphoses*, Philadelphia 1999.
– Narrative Dynamics in Ovid's *Metamorphoses*, Tübingen 2000.
Zgoll, C.: Phänomenologie der Metamorphose. Verwandlungen und Verwandtes in der augusteischen Dichtung, Tübingen 2004.
Ziolkowski, T.: Ovid and the Moderns, Ithaca, N. Y. 2005.
Zumwalt, N.: *Fama Subversa*: Theme and Structure in Ovid *Metamorphoses* 12, California Studies in Classical Antiquity 10, 1977, 209–222.

Register